Mr. Osebas letzte Entdeckung

George W. Bell

Writat

Diese Ausgabe erschien im Jahr 2024

ISBN: 9789359943572

Herausgegeben von
Writat
E-Mail: info@writat.com

Inhalt

EINE NOTIZ.

VIELE betrachten das übliche „Vorwort" zu einem Buch als fragwürdigen Wert, aber die Sitte kann die fortgesetzte Verwendung rechtfertigen.

Ich war schon lange ein Student der angelsächsischen Geschichte, aber bis ich 1893 nach Australien ging, hatte ich wenig Hoffnung auf eine Verwirklichung der höheren Ziele der Rasse gesehen.

Als Individualist, als Demokrat der Demokraten bin ich der Meinung, dass die Einheit der Gesellschaft ihr grundlegender Faktor ist, und während ich in diesen fernen Ländern eine vage Anerkennung dieser Wahrheit sah, sah ich auch eine Verschmelzung der Demokratie mit dem Sozialismus. das entsprach nicht meinen Definitionen.

Ich kam Anfang 1903 auf einer Vortragsreise nach Neuseeland. Ich wurde gut aufgenommen; und da ich nie über Nacht an einem Ort bleiben konnte, ohne mich zu erkundigen, „wer die Stadt gegründet hat" und zu welchem Zweck, begann ich eine Untersuchung der Situation.

Ich hatte gehört und gelesen, dass diese Kolonie „vom Sozialismus überschwemmt" und „der Unwahrheit der Extreme ausgeliefert" sei, also studierte ich die Literatur, mischte mich unter die Leute, besuchte die Parlamentssitzungen und – machte mir Notizen.

Ich fand in der Presse eine weitgehende Unabhängigkeit; in den Menschen eine starke Eigenständigkeit; und in den Staatsmännern herrschte das Gefühl, dass sie die auserwählten Diener des Volkes waren, durch die ein reifes Gefühl in die Formen des Gesetzes gekleidet und mit der Kraft des Gesetzes belebt werden sollte.

Ich fand heraus, dass das, was die Uninformierten spöttisch „Sozialismus" nannten, hauptsächlich in einer Reihe kooperativer Maßnahmen bestand, die nicht „nervlosen Sozialismus", sondern die stabilste Demokratie zu versprechen schienen, die die Zivilisation je hervorgebracht hatte.

In meinen Träumen rezensierte ich die alten Bücher; Ich habe den Weg des menschlichen Fortschritts neu beschritten; Ich habe die Kämpfe und Errungenschaften der angelsächsischen Rasse neu bewertet und die Umweltbedingungen mit den jetzt wirkenden gesellschaftlichen Kräften verglichen, um zu schreiben.

Als „Fremder" hatte ich kein Interesse, außer daran, meine langgehegten Theorien auf dem Weg zur Verwirklichung zu sehen; Da ich keine Bekannten hatte, hatte ich weder Freunde, denen ich schmeicheln konnte, noch Feinde, die ich kritisieren konnte; und da ich nicht um einen Gefallen bitten musste, fiel es mir leicht, meine Eindrücke unvoreingenommen niederzuschreiben.

Ich kleidete mein Thema in ein Gewand der Fiktion, um dem Leser die Erinnerungen an den täglichen Kampf mit hartnäckigen Fakten zu entreißen; Ich habe einen Stil angenommen, von dem ich glaubte, dass er wegen seiner kühnen Neuheit geschätzt werden würde, und obwohl die beredten Flüge meiner Hauptfigur malerisch erscheinen mögen, drückt er nur die Eindrücke, Gefühle und darüber hinaus die Meinungen von – aus.

DER AUTOR.

SZENE I.

Unschlüssige Anspielungen.

HIER um eine wahre Geschichte mit den geringfügigen Abweichungen handelt, die zur Wahrung eines angemessenen Augenmaßes erforderlich sind, wird es als angemessen erachtet, die Charaktere beiläufig vorzustellen, auf die wir uns hauptsächlich verlassen müssen, wenn es um die Wahrhaftigkeit oder Unwahrheit eines äußerst romantischen Abenteuers geht.

In einer solchen Einleitung erscheint zwangsläufig der Herausgeber oder Verfasser – das „Ich" auf diesen Seiten, aber auf den Chronisten selbst, der keine „poetische Freiheit" hat, müssen wir uns auf die Richtigkeit des Vortrags verlassen.

Obwohl diese seltsame Geschichte ohne meine Hilfe möglicherweise die Welt erreicht hätte, hat mich die Art und Weise, wie sie in meine Hände gelangte, sozusagen zu einem „Vorhangschieber" in den Szenen gemacht, und bei dieser erfreulichen Aufgabe muss ich treu sein einziger Leitfaden.

Ich war nicht „in Richtung Damaskus unterwegs", sondern da ich von den vielen Irrfahrten erschöpft war und so schnell wie möglich in das liebe alte London zurückkehren wollte, buchte ich in Marseille eine Reise nach Amsterdam auf dem schönen Passagierdampfer „ *Irene* " – die Reise sollte jedoch stattfinden kaputt für einen kurzen Aufenthalt in Lissabon.

Es war Mitternacht, als wir unsere Ankerplätze verließen und aus dem Hafen dampften, und da die See rau war und ich ein schlechter Segler war, wagte ich mich erst gegen Mittag des nächsten Tages auf das Oberdeck. Mir ging es nicht so gut. Das Meer war nicht ruhig, die Luft feucht und kalt und – nun ja – ich war nicht glücklich.

Die Decks waren „dünn besiedelt", und als ich in einem Gefühl völliger Einsamkeit langsam im Zickzack entlangging und den Blick hob, wurde meine Aufmerksamkeit durch die Anwesenheit einer scheinbar vertrauten Gestalt geweckt. Es war die anmutige Gestalt eines großen, wohlproportionierten jungen Mannes. Sein Gesicht war blass, sein Kopf war nach vorne geneigt, er beugte sich schwer über die Steuerbordreling des Schiffes, und ich bildete mir ein, dass es ihm auch nicht gut ging. Ich erkannte ihn nicht, aber Mitgefühl und Neugier und vielleicht auch die Gewohnheit führten mich halb unbewusst auf seine Seite. Ich sagte beruhigend zu ihm: „Heute ist es ziemlich hart." Er richtete sich ein wenig auf, beugte sich etwas weiter über die Schiffsreling und machte eine krampfhafte Bewegung. Ihm ging es „nicht gut", aber er richtete sich aufrechter auf, drehte sich leicht zu mir um und sagte ironisch: „Danke, ich wurde also informiert." Der „Ton" des Ausdrucks war unfreundlich, denn meine Beweggründe waren gut und mein Verhalten war so klug, wie es der Anlass vermuten ließ.

Seine Stimme hinkte mitleiderregend, aber sie hatte etwas von alter Vertrautheit in sich. "Du?" sagte ich. Meine Stimme hatte auch etwas von alter Vertrautheit für ihn. Ich sah ihm ins Gesicht. Er erwiderte meinen Blick. Die Anerkennung erfolgte auf Gegenseitigkeit.

„Leo Bergin!" sagte ich.

„Sir Marmaduke!" sagte er.

„Du bist gekommen, um unheilige Erinnerungen zu wecken", sagte ich.

„Und du bist gekommen, um mir Vorwürfe zu machen", sagte er in einem schmerzerfüllten Tonfall, den ich nie vergessen werde.

„Nein", sagte ich, „Leo Bergin, ich gebe meine Hand. „Lass die tote Vergangenheit ihre Toten begraben." Schauen Sie nicht traurig auf die Vergangenheit zurück – sie kommt nicht wieder –, sondern trotzen Sie mit entschlossenem Herzen und starker Hand der Zukunft, und Sie werden eine Krone oder ein Grab finden. Liste – kein weiteres Wort der Vergangenheit; aber, Leo Bergin, was ist mit der Zukunft?"

„Du bist freundlich", sagte er mit gesenktem Kopf und in einer guten biblischen Formulierung, „aber ich verdiene deine Großzügigkeit nicht."

„List", sagte ich noch einmal, „Leo, was ist mit der Zukunft?"

"Die Zukunft?" sagte er mit gesenktem Kopf, gesenktem Blick und schrecklich feierlicher Stimme: „Die Zukunft? Weil ich die Vergangenheit kenne, von der ich vortäusche, sie würde sterben; Weil ich die Zukunft nicht kenne, bin ich feige genug, zu leben. Du weißt, mein Freund, mein Wohltäter, dass ich Talent, gutes Aussehen und Fleiß habe, aber die Welt", sagte er trauriger, „ist gegen mich."

Ja, ich hatte schon einmal gehört, dass Leo Bergin „Talent, gutes Aussehen und Fleiß" habe. Tatsächlich hat Leo Bergin mir dies bei einem denkwürdigen Anlass gestanden. Ah! Meine Brüder, was für eine gute Meinung wir von uns haben. Wir alle, Männer und Frauen, glauben, dass wir über Talent, gutes Aussehen und soziale Verdienste verfügen; Aber hier endet unsere Selbstzufriedenheit, denn die langweilige Welt, der wir so gut dienen könnten, die uns nicht wertschätzt, macht uns zur Beute der Vernachlässigung und oft der Verzweiflung.

Ah! Meine Brüder, wir vergessen, dass wir keine unparteiischen Richter sind; dass die Welt unparteiisch ist und in ihren Schlussfolgerungen möglicherweise gerecht ist. Wie freundlich denken wir über uns selbst! Was für edle Eigenschaften der Seele und des Geistes entdecken wir in der Person, die uns bereitwillig zustimmt. Aber es ist gut, denn Selbstgefälligkeit, so töricht sie auch erscheinen mag, rettet uns oft vor der Verzweiflung.

Ja, Leo Bergin hatte Talent, Bildung, gutes Aussehen und Fleiß; aber Leo Bergin war, wie ich aus dem erwähnten Anlass geschlossen hatte, unberechenbar, „ein bisschen zu kurz" – tatsächlich war nicht „alles da".

„Aber, Leo", sagte ich, „wohin willst du?"

„To h--", sagte er in einem ziemlich scherzhaften Ton, fast bittertraurig.

"Ah!" sagte ich, „packen Sie dann Ihre Ausrüstung und steigen Sie im alten Cádiz aus, denn das liegt an der Grenze."

Doch zum Mittagessen ertönte das Signalhorn, und die Gedankenvereinigung trieb Leo Bergin in seine Hütte, und mit dem kränklichen Versprechen, „später zu kommen", musste ich über die seltsamen Ereignisse des Lebens nachdenken – Ereignisse, die oft zu solchen Treffen führen ; Die Treffen wiederum führen zu anderen Ereignissen, die noch seltsamer und interessanter sind.

EIN FREUND IN NOT.

Nun, mein Leser, während Leo Bergin unten ist und versucht, Kompromisse bei seiner Verdauung einzugehen, werde ich Ihnen einige seiner Besonderheiten erzählen, damit Sie auf seinen wunderbaren Vortrag vorbereitet sind.

Es war am 10. Januar 1898, als er mein Zimmer in der Great Russell Street, direkt gegenüber dem British Museum in London, betrat, als ich ihn zum ersten Mal sah. Er klopfte sanft an meine Tür; er betrat leise mein Zimmer; Er setzte sich vertraut hin und eröffnete prompt das Interview. Ich möchte nicht sagen, dass Leo Bergin bei dieser Gelegenheit nicht bescheiden war; Ich muss sagen, dass er nicht gezögert hat.

Hätte Leo Bergin geschwiegen, hätte ich gewusst, dass er kein Geld mehr hatte, kein Glück mehr hatte, keine Freunde mehr hatte und fast am Ende seiner Knie und Ellenbogen war. Aber er zweifelte offenbar an meiner Wahrnehmungsfähigkeit, denn mit übertriebener Offenheit und beredter Redseligkeit teilte er mir mit, dass er nur für kurze Zeit einen „Kredit" wolle, bis er „auf die Beine kommen" könne.

Diese Geschichten waren sehr verbreitet. Sie waren sehr „nachgiebig" mit mir gewesen, aber weil ich vermeiden wollte, eine ähnliche Position einzunehmen, war ich ungeduldig und mürrisch geworden, möglicherweise ein wenig hartherzig, also schaute ich direkt in seine schönen Augen und bat ihn, „auf die Beine zu kommen". " auf einmal.

Er stand auf und sah mir ins Gesicht, nicht mit Trotz oder Demütigung, nicht mit Scham oder Unverschämtheit, sondern wie ein Mann. Er sagte: „Ich bin am Boden." Das war offensichtlich, aber das sanfte Aussprechen hatte mich immer viel gekostet, und als ich wieder sanfter wurde, fragte ich, wer er sei und was er tun könne.

Er sagte: „Ich bin Amerikaner; Ich wurde in Virginia geboren, lebte in Kalifornien, habe in Neuseeland für Zeitungen gearbeitet und bin als Journalistin in London – und dort unten."

Ich wurde geschwächt. Der Mann, der in Virginia geboren war, in Kalifornien lebte und in Neuseeland für Zeitungen arbeitete, konnte nicht völlig verdorben sein, denn die Atmosphäre dieser drei bevorzugten Orte würde einen Anschein von Tugend bewahren.

„Ich ergebe mich", sagte ich; „Sprechen Sie Ihren sehnlichsten Wunsch aus und er wird erfüllt."

Er verriet kaum Emotionen. Sein Gesichtsausdruck blieb ruhig, aber er sagte: „Ich habe Talent, gutes Aussehen und Fleiß, und ich möchte eine Anstellung – ich möchte meinen Lebensunterhalt verdienen." Ich bat um einen Kredit, war aber verzweifelt und wünschte mir, meinen verlorenen Revolver zu ersetzen, damit ich „diesen schrecklichen Traum namens Leben aufgeben" könnte, bevor die Pension für eine weitere Woche fällig war. Aber unter dem Zauber deiner Worte „kam eine Veränderung im Geist meines Traums" und jetzt muss ich leben."

"Muss!" sagte ich, „Sie behaupten dieses ‚Muss' mit so viel Nachdruck, dass Sie mir vielleicht sagen würden, warum Sie leben *müssen*?" Ich für meinen Teil sehe keine wirkliche Notwendigkeit dafür – zumindest nicht."

Eine Wolke hing auf seiner Stirn. Er blieb still und unbeweglich wie eine Statue.

„Kopf hoch, Alter", sagte ich, „denn wenn du deinen Lebensunterhalt verdienen willst, werde ich dir eine Stelle sichern."

Ich wusste, wer einen Mann wollte, „talentiert, gutaussehend und fleißig". Ich gab Leo Bergin einen Anzug von mir – nur ein wenig verschmutzt, das muss ich gestehen, denn tatsächlich konnte ich dem göttlichen Gebot, meinem Bruder einen Mantel zu geben, nie Folge leisten, bis er ein wenig verschmutzt war. Ich gab ihm einen starken Brief an einen Freund am Trafalgar Square, und Leo Bergin kam in eine gute Position.

Ich wurde zu einem wichtigen Dienst für einige Monate auf den Kontinent berufen. Die Zeit verging und innerhalb weniger Wochen erhielt ich eine kurze Nachricht.

„Trafalgar Square,
„London.

„An meinen Wohltäter,

„Mit freundlichen Grüßen – erhalten. Freut mich, dass du es verdient hast. Mir geht es gut. Ich denke, mein Arbeitgeber ist zufrieden, aber ich bin etwas unruhig.

„ LÖWE. „

„Talent, gutes Aussehen und Ehrgeiz, aber ein Narr“, sagte ich, „und er wird nie weiterkommen.“

Es vergingen noch ein paar Wochen und eine weitere Nachricht kam vom „Trafalgar Square, London“. Dies war weniger kurz als das andere. Es las:-

„Trafalgar Square,
„London.

"Lieber Herr,

„Leo Bergin ist nicht an seinem Schreibtisch. Er hat sich genug von meinem Geld angeeignet, um ihm einen Urlaub zu ermöglichen, und – er hat keine Adresse hinterlassen. Talent, gutes Aussehen und Ehrgeiz hat Leo Bergin bis zu einem gewissen Grad, aber er ist offensichtlich ein echter Bösewicht. Was wussten Sie überhaupt über diesen Kerl?

„ DJ-ORDNER. „

Diese Notiz schien nicht vage zu sein, aber ich dachte nach. Was wusste ich über ihn? Nur, dass er einst in Virginia geboren wurde, in Kalifornien gelebt und in Neuseeland für Zeitungen gearbeitet hatte. Nachdenklich sagte ich: „Vielleicht hat der Bösewicht gelogen.“ Dies löste das Problem für die damalige Zeit, denn es schien wahrscheinlicher, dass ein Mann überhaupt lügen würde, als mit einer solchen Aufzeichnung einen Fehler zu machen.

Ich habe vorerst jeglichen Respekt vor Leo Bergin verloren. Einen vertrauensvollen Arbeitgeber vorsätzlich auszurauben, ist verwerflich, und wenn sich Leo Bergin dabei nicht als Dieb erwiesen hätte, hätte er einen völligen Mangel an Augenmaß verraten. Dies war eine Seite von Leo Bergins Charakter.

Aber Versäumnisse, meine Brüder, begründen keine völlige Verderbtheit, denn es wird „aus alter Zeit" berichtet, dass ein Gentleman bei einer sehr ernsten Gelegenheit eine sehr bedeutsame Tatsache ausgenutzt habe, und als er damit konfrontiert wurde, „leugnete er". Als er darauf gedrängt wurde, „leugnete er mit einem Eid", und dennoch ist dieser Herr in guter Erinnerung geblieben und es wurde viel über ihn gesprochen.

Stürmisch.

Der Wind wurde heftiger. Es war eine wilde Nacht. Das blaue Mittelmeer war wütend, aber das gute Schiff stürzte voraus wie ein trotziges Monster. Zwei weitere Tage lang waren die Decks außer den unvorsichtigen Seeleuten unbesetzt. Die Tische wirkten „einsam", denn der Sturm tobte immer noch heftig.

Die Stunden und Tage, die wie Wochen und Monate schienen, vergingen. Wir umrundeten Kap Vincent, als der Wind sofort nachließ, das Meer ruhig war, das Schiff ruhig fuhr, die Luft mild war und die Passagiere, wie ein Teil des Morgens der Auferstehung, zahlreich auf den breiten, sauberen Decks erschienen und glücklich waren .

Der Richtige Hon. RJ Seddon, PC, LL.D., Premierminister, Kolonialschatzmeister, Verteidigungsminister, Bildungsminister und

Auch Leo Bergin erschien an Deck. Sein Lächeln war schwach, sein Griff war träge, aber er sprach ernsthaft über Beefsteak und Kaffee, und ich hatte das Gefühl, dass es ihm – „besser" ging. Das alte Cadiz war passiert, und er war offensichtlich zu dem Schluss gekommen, es mit einem anderen Klima als dem zuvor vorgeschlagenen zu versuchen. Wir saßen da – wir unterhielten uns. Ich sollte das Schiff in Lissabon verlassen und meine Reise mit dem nächsten Dampfer beenden. Er? – Ich wusste es nicht. Seltsam, wenn wir Menschen einen Gefallen tun, verspüren wir sofort Interesse an ihnen. Möglicherweise fühlen wir uns für das Verhalten einer solchen Person in gewisser Weise verantwortlich. Möglicherweise und wahrscheinlicher wünschen wir uns auch ihren Erfolg, damit wir uns ein wenig Anerkennung für eine „glückliche Karriere" zutrauen.

Ich hatte Leo Bergin einen Gefallen getan, interessierte mich für ihn und fragte nach seiner „Zukunft". Sein Blick war freundlich, sein Lächeln zweifelnd; Er zog das Kinn tiefer auf die Brust, trommelte mit seinen behandschuhten Fingern auf einem Buch und sagte: „Nun, ich habe Bekanntschaft mit einer geheimnisvollen Persönlichkeit gemacht. Ich habe Talent, gutes Aussehen und Ehrgeiz, aber ich bin ein Außenseiter und mache mich auf den Weg zu einem neuen Unterfangen. Sie kennen die Folder-Episode, und um ehrlich zu sein, zweifle ich nach einer ernsthaften Prüfung des Falles an der Angemessenheit meiner Handlung, und jetzt, wo das Geld weg ist, habe ich viele Gewissensbisse."

Ich war nicht wenig überrascht, aber ich war froh zu entdecken, dass er glaubte, ein kleines Gewissen zu haben, denn da „das Gewissen uns alle zu Feiglingen macht", hoffte ich auf seine Besserung.

Wir saßen Seite an Seite, und als er seine geschlossene Hand fest auf mein Knie legte, um Nachdruck zu verleihen, sagte er: „Ja, ich habe eine neue Bekanntschaft gemacht, die einer mysteriösen Persönlichkeit, und ich fange jetzt mit dem Verwegensten an, dem das riskanteste, irrationalste und romantischste Unterfangen, das jemals ein sterblicher Mensch unternommen hat, und wenn es mir gelingt, werden Sie von mir hören; aber wenn ich versage, wird Leo Bergin in Vergessenheit geraten, und der Anspruch wird umgehend anerkannt. Erst gestern habe ich meine neue Bekanntschaft gemacht und meine neuen Pläne geschmiedet, und ich stehe am Beginn des bezauberndsten Traums, der jemals einen vernünftigen Mann in den Ruin gelockt hat."

Ich flehte ihn an, seine Geschichte zu erzählen, aber er antwortete: „Sie sind ein praktisch veranlagter Mann, und Sie würden mein Unterfangen als so wild und visionär betrachten, dass es an Wahnsinn grenzt, denn Sie halten mich nicht für einen Idioten." Wenn ich versage, flattert nur ein weiteres Blatt, dessen Stiel vom Frost eingeklemmt ist, zu Boden, um den Boden zu düngen. Wenn ich versage, weiß die Welt, außer dir, nichts von meiner Torheit. Wenn es mir gelingt, werden die Fakten, die ich enthüllen werde, seltsamer sein als Fiktion, und die Ergebnisse meines Abenteuers werden zum Ruhm des Landes, das ich liebe, beitragen."

„So krank ich auch war", fuhr er fort, „habe ich gestern, am 5. Oktober 1898, vor der Küste Spaniens mit meinen Aufzeichnungen begonnen, und ich werde eine wahrheitsgetreue Aufzeichnung meiner Taten und Beobachtungen führen. Wenn ich überlebe, was kaum wahrscheinlich ist, werde ich Sie finden und Ihnen meine Notizen zur Verfügung stellen. Wenn ich umkomme – wenn möglich, sollst du sie bis zum letzten Atemzug töten lassen, und auf jeder Seite sollst du Beweise meiner Dankbarkeit und meiner Integrität finden."

„Aber sagen Sie es mir", sagte ich ungeduldig. Hier ertönte der Pfiff, wir sahen die ganze Verwirrung und wir fuhren in den Hafen von Lissabon ein. Zeit für weitere Erklärungen gab es nicht. Wir trennten uns, ich folgte gut durchdachten Plänen für Geschäftliches und Vergnügen, er – nun ja, für mich war es ein unlösbares Rätsel; Aber ich habe nie den Glauben daran verloren, dass Leo Bergin irgendwann und irgendwo wieder auftauchen würde.

SZENE II.

LEO BERGIN „DREHT AUF.“

ZWEI Jahre waren vergangen, und trotz all meiner Bekundungen von Interesse und Wertschätzung war mir Leo Bergin ein ganzes Jahr lang nicht in den Sinn gekommen, und während der gesamten zwei Jahre hatte er nur sehr wenig von meinen Gedanken in Anspruch genommen. Tatsächlich weiß ich es nicht mehr, bis auf eine Gelegenheit, als mir DJ Folder in einem nachsichtigen Scherz sagte, dass er einen Mann brauchte, und fragte, ob ich einen jungen Mann mit „Talent, gutem Aussehen und Ehrgeiz“ für die Position empfehlen könne Ich habe an Leo Bergin gedacht.

Abwesenheit verunstaltet die Erinnerung. Ah! wie schnell werden wir vergessen. Wir verbringen unsere kurze Zeit auf dieser protzigen Bühne und gehen davon aus, dass wir für den Erfolg oder das Vergnügen der Welt notwendig sind, aber wenn wir in sinnlosen Staub fallen, gehen alle, bis auf ein paar, fröhlich weiter, und sogar sie, in einem oder mehreren Tagen , trocknen ihre Tränen und schließen sich wieder der fröhlichen Menge an.

Später, im Herbst 1900, wurde ich geschäftlich nach Kopenhagen gerufen, und nachdem ich dort einen prominenten Arzt kennengelernt hatte, wurde ich eingeladen, eines der führenden Krankenhäuser zu besuchen.

Als wir die verschiedenen Stationen durchsuchten, erfuhren wir, dass gerade mehrere neue Patienten eingetreten seien, die von einem Schiff gebracht worden seien, das von einer Nordpolarreise zurückgekehrt sei. Dies würde einige Neugier befriedigen und schon bald gehörten wir zu den neuen Patienten. Insgesamt waren es ein Dutzend, hauptsächlich Russen, Finnen und Dänen, aber auf einer Seite der Station bemerkten wir zwei blass aussehende Kerle, die sich auf Englisch unterhielten.

Instinktiv ging ich auf ihre Anwesenheit zu, als ich zu meinem Erstaunen, als ich mich ernst ansah, das traurige, mitleiderregende Gesicht des abgemagerten, gesundheitlich angeschlagenen Leo Bergin erkannte.

Seine Augen leuchteten leicht auf, er lächelte leicht und streckte eine schwache, zitternde Hand aus, um meine freundlich zu begrüßen. Es gab Zeit für ein Lächeln schwindender Freude, Zeit für Seufzer und Tränen des Mitleids, aber für Worte war die Zeit fast verstrichen, denn Leo Bergin befand sich in der Nähe der Perlentore.

„Setzen Sie sich in die Nähe“, sagte er, „sitzen Sie in der Nähe, denn ich segele zu einem anderen Hafen, und obwohl ich die Natur des Klimas nicht kenne, kann es nichts Besseres und nichts Schlimmeres geben, als ich es auf dieser Welt erlebt habe. Also lasst den Sturm heulen und das Schiff stürzen, ich jammre nicht.“

Als er dies sagte, drehte er sich leicht auf seinem Bett um, griff mit einer dünnen Hand unter sein Kissen und zog ein Paket hervor, das in weiches Fell gewickelt und mit Bindfaden festgebunden war.

„Hier", sagte er schwach, „das erzählt die ganze Geschichte. Es sind alles gute Dinge, aber ich stelle sie Ihnen zur Verfügung. Wenn Sie es besser denken, können Sie es auf den Punkt bringen, und wenn Sie etwas daraus machen, dann zahlen Sie Folder, denn ich hatte viel Spaß mit seinem Geld, und jetzt habe ich genug, um durchzukommen. Ich weiß nicht wie, aber irgendwie wusste ich, dass ich dich finden würde, und das – es ist alles wahr, aber die Träume der Fiktion haben nie etwas halb so Seltsames enthüllt."

Ich sehnte mich nach ein paar weiteren Minuten, aber die Gestalt von Leo Bergin lag schlaff auf dem Bett. Seine Hände waren schlaff, seine Stirn war tödlich blass und seine Lippen bewegten sich langsam in einem unhörbaren Flüstern. Ich berührte seine Hand, denn ich wollte noch ein Wort, und als er sich ein wenig zu erholen schien, sagte ich:

„,Sag meiner trauervollen Seele', wo warst du?"

Er erwachte ein wenig, lächelte, deutete auf das Paket und sagte keuchend: „Es ist alles da, alles da, und ich – nun ja, ich war in ‚Symmes' Hole'" – und als ich wieder auf diesen ruhigen Blick blickte Gesicht, die Seele von Leo Bergin war zum anderen „Hafen" gesegelt.

ANPASSEN DER VORHÄNGE.

Leo Bergin wurde ordentlich und zügig beerdigt, wobei ich der Haupttrauergast war, und „nach dem unbeständigen Fieber des Lebens schläft er gut." Ich war gespannt darauf, den Inhalt des Pakets zu erfahren, aber da ich vollkommene Muße genießen wollte und gleichzeitig das durch Leos Ernsthaftigkeit so verschärfte Geheimnis lüften wollte, legte ich es widerwillig weg, um auf meine Ankunft in London zu warten.

Zeit verging.

Ich war zurück in meinem alten Quartier in der Great Russell Street in London. Das Wetter war so kalt, dunkel und neblig, dass ich um vier das Gas angezündet hatte. Das Feuer brannte träge im kleinen Kamin. Der Raum war nicht ungemütlich, harmonierte aber mit der düsteren Umgebung. Mich berührte ein Gefühl deprimierender Einsamkeit. Ich ging auf dem nicht sehr weitläufigen Boden auf und ab, spähte durch die Dunkelheit auf die schwach beleuchteten Straßen, ging erneut auf und ab, zündete mir eine Zigarre an, setzte mich und dachte nach.

Zurückgeworfen in einem Sessel, verträumt die anmutigen, wirbelnden Kränze meines tröstenden Havanna beobachtend, schwebten meine Gedanken ziellos davon, um die Erinnerungen an vergangene Tage einzusammeln. Dann marschierten sie, wie fröhliche Jugendliche im Urlaub, an den zufälligen Ereignissen eines einfachen Lebens vorbei: mein letzter Besuch in Venedig, mein Ausflug nach Marseille mit Monarcos Gruppe, die stürmische Reise entlang der Küste Spaniens. Ah! Hier erhob sich Leo Bergin in Fleisch und Blut mit karger, aber athletischer Gestalt, blassem Gelehrtengesicht, angenehmem, aber eher melancholischem Lächeln, sanfter und herzlicher Stimme; ein Gedanke! Die Form verschwand, aber das „Paket" war substanzieller, und ich packte eilig meinen Koffer aus und zog ihn heraus, genau wie er ihn mir drei Monate zuvor vollständig gegeben hatte.

Mit einer Mischung aus Schmerz und Vergnügen entfernte ich die grobe Schnur und entrollte die Lederumhüllung. Mein Herz pochte vor Rührung, meine Hand zitterte, aber meine eifrigen Augen erblickten eine große Manuskriptrolle, die sauber mit vertrautem Klebeband zusammengebunden war.

Obwohl ich nicht einmal eine Ahnung von der Natur dieser Notizen hatte, konnte ich ihren Charakter nicht einmal erraten oder auch nur den Versuch unternehmen, ihn zu erraten. Ich wusste, dass Leo Bergin, als er noch lebte, Talent und Ehrgeiz hatte – das gute Aussehen möchte ich bei dieser Gelegenheit weglassen – und ich wusste, dass dies ein äußerst interessanter, wenn nicht sogar wichtiger „Fund" war.

Während ich über die Situation nachdachte und gemächlich alle überschüssigen oder überflüssigen Bezüge entfernte, fiel ein kleiner Fetzen schmutzigen und zerknitterten Papiers auf den Boden, und als ich ihn aufhob, war ich nicht wenig überrascht, dass es sich um eine besondere Note handelte. Es war in einer schwachen, aber lesbaren Handschrift geschrieben und lautete wie folgt:

„Nirgendwo
", November 1900.

„Für jeden, der das Innere findet, –

„Während ich meinen letzten Atemzug tue und ein wenig darauf brenne, wegzugehen, bitte ich Sie, sich sofort an Sir Marmaduke, Colonial Club, Whitehall, London zu wenden.

Dies war eine andere Seite des Charakters von Leo Bergin. Geistig befand ich mich in einem Zustand, den man, wie ich zu Recht halte, als einen Zustand tiefgreifender Interessenverwirrung bezeichnen könnte. Ich habe es ausgerollt und zur Schau gestellt, um das gesamte Paket zu betrachten. Es war voluminös. Es bestand aus etwa zwanzig Schreibtafeln mit jeweils einer großen Anzahl dünner Blätter in Narrenpapiergröße. Diese Tafeln waren fortlaufend nummeriert, die Seiten waren eng auf einer Seite beschrieben, die ersten paar waren in einer runden, sauberen Hand geschrieben, wobei die Fähigkeit mit fortschreitender Arbeit immer schwächer wurde.

Der Hon. Sir Joseph Ward, KCMG, Kolonialsekretär, Eisenbahnminister, Minister für Handel und Industrie, Generalpostmeister mit Telegraphen, für Tourismus und Kurorte zuständiger Minister und Minister für öffentliche Gesundheit. Ziemlich komplex, aber Sir Josephs Fähigkeiten sind ebenso vielseitig wie seine Aufgaben vielfältig.

Ich war zu begierig auf eine allgemeine Inspektion, um einen bestimmten Teil oder ein bestimmtes Merkmal des Ganzen bewusst durchzugehen, aber es gab genug Masse von dem, was den sorgfältigen Methoden zufolge schien, um einen großen Band zu ergeben.

Aber das Geheimnis vertiefte sich noch. Wo, zu welchem Zweck und unter welchen Umständen wurde die Arbeit durchgeführt? Hier und da wurden seltsame Ortsnamen, seltsame Persönlichkeiten und seltsame Ereignisse aufgezeichnet. War Leo Bergin verrückt? Oder gab es tatsächlich irgendwo vorübergehende Ereignisse, die uns tatsächlich fremd waren als die Fiktion?

Meine Zigarre ging aus, das Feuer war „nachgezogen", ich schaute mit einiger Ungeduld auf meine Uhr und sie zeigte an, dass die „kleinen Stunden" gekommen waren. Ich war verblüfft, lief auf und ab, und als ich auf die Straße schaute, sah ich, wie die Windböen mit der Wut eines Dämons den Schnee und den Schneeregen vorantrieben. Ich schauderte, als ich auf und ab ging, aber wie konnte ich das Geheimnis lüften, das Geheimnis, das mich verwirrte?

„Zurück in meine Kammer, meine ganze Seele brennt in mir", sagte ich noch einmal, „Wo ist der Schlüssel?" Denn Leo Bergin hatte Talent und Ehrgeiz, und obwohl er unberechenbar wirkte, war er kein visionärer Träumer. Auch wenn es Leo Bergin an Augenmaß mangelte, war er trotz seiner Schwächen praktisch veranlagt und hatte zumindest ein Auge auf die Hauptchance geworfen.

„Nein", sagte ich, „Leo Bergin war kein Träumer", er hatte keine Modeerscheinungen, keinen Aberglauben und wenig Fantasie, und er war ein echter Böhme. Er hatte ein „Gespür für Neuigkeiten", ein Genie für die Arbeit und eine Liebe zum Abenteuer, die alle Unholde innerhalb und außerhalb des Hades nicht vereiteln konnten.

Aber wie könnte ich das Geheimnis lüften? Wo zum Teufel war er zwei lange Jahre lang gewesen? Wer war Symmes? Und wenn Symmes ein Loch hatte, wo war es?

Hier hielt ich inne – eine Idee kam mir. „Ich bin ein Narr", sagte ich – aber ich würde schwärmen, wenn jemand, der weniger über meine Schwäche Bescheid weiß, das sagen würde. Ah! Ich habe es. Hier ist es, denn als er es mir zum Abschied überreichte, sagte er: „Es ist eine Aufzeichnung der Taten und Ereignisse eines jeden Tages." Ja, und er sagte bei unserem Abschied in Lissabon: „Ich habe gestern meine neue Bekanntschaft gemacht und meine Pläne für zukünftige Aktionen dargelegt. Ich habe mit meiner Arbeit begonnen und werde über die Taten und Ereignisse eines jeden Tages wahrheitsgetreue Aufzeichnungen führen und diese Ihnen nach meiner Rückkehr zur Verfügung stellen."

„Es ist ganz klar, es ist alles da, und morgen werde ich beginnen", sagte ich, „diese mysteriöse Geschichte zu enträtseln."

SZENE III.

EINE SELTSAME GESCHICHTE.

„MORGEN" ist gekommen. Die Außenwelt scheint froh zu sein, am Leben zu sein. Ich – der Herausgeber – bin an geistige Entspannung und körperliche Bequemlichkeit gewöhnt und werde mit verwirrenden Aufgaben konfrontiert. Meine Rechnungen sind bezahlt, meine Gesundheit ist gut und mein Geist ist klar, aber verwechseln Sie den Gedanken an Arbeit! Ich habe die Arbeit nie gemocht, und ich fürchte, selbst die Sitte wird mich nicht mit der Plackerei versöhnen. Aber die Pflicht ruft, und die Pflicht hat mich bisher noch nie umsonst gerufen.

Ich – der Herausgeber, erinnern Sie sich – schäme mich, dass ich Leo Bergin zwei lange Jahre lang vergessen habe; Ich schäme mich noch mehr, dass ich das Paket so beinahe vergessen hätte, dessen Inhalt so manchen neugierigen und besorgten Menschen Freude bereiten kann, denn in der Tat fühle ich mich selbst durch das Vorhandensein dieses Beweises einer festen Entschlossenheit, die so sehr darauf wartet, zurechtgewiesen, zurechtgewiesen ich selbst. Tatsächlich weiß ich, wenn ich es ernst meinte, dass Leo Bergin mit seinem rastlosen Ehrgeiz, seinem unermüdlichen Fleiß, seinem unerschrockenen Mut, seiner rücksichtslosen Abenteuerlust und seiner fast wahnsinnigen Entschlossenheit, etwas mehr Licht ins Dunkel zu bringen, Mit all seinen Fehlern war er für seinesgleichen mehr wert als eine Legion glücklicher Müßiggänger, die wie ich in Reichtum geboren wurden und träge im sanften Schoß des Luxus trödelten, gleichgültig gegenüber den Sorgen und Freuden der einfachen Menschheit .

Nun, als Kompromiss mit meinem Gewissen – ich denke, es muss das Gewissen sein, denn das Gefühl ist neu für mich – bin ich entschlossen, das Geheimnis von Leo Bergins Abwesenheit zu lüften, und wenn es in der Masse der erarbeiteten Materie einen Gedanken gibt Egal ob es sich um eine Tatsache oder eine Idee handelt, die seiner großartigen Errungenschaften und seines wahnsinnigen Streits würdig ist, die Welt wird eine Entschädigung für seine vielen Fehler finden.

Mit einer gemütlichen Umgebung, einem fröhlichen Kaminfeuer, einem Sessel, einem bequemen Schreibtisch und Tisch, feinen Zigarren, einer großen Bibliothek, einem neu entdeckten Pflichtgefühl, einem Fleiß, der durch Reue geweckt wird, und mit einem Gefühl tiefer Verantwortung beginne ich meine Arbeit und spüre, dass der Vorschlag Vom sterbenden Autor bis zur „Zusammenfassung" hat die Schwierigkeiten, mit denen ich konfrontiert bin, enorm zugenommen.

Ich bin mir vollkommen darüber im Klaren, dass dieses Zeitalter nach Fiktion dürstet, wohingegen ich für seine Geduld nur eine schlichte, ungeschminkte Geschichte habe. Ich kenne die Vorliebe für anmutige Momente, während ich nur umständliche Phrasen wiedergeben kann, und ich weiß, dass die Kritiker nur das „Fleisch" wollen, während ich mich nach dem Genuss eines gelegentlichen Schnörkels sehnen muss.

Zumindest vorerst werde ich die in Leo Bergins umfangreichen Notizen enthaltene Angelegenheit „auf den Punkt bringen". Damit tue ich ihm vielleicht Unrecht, aber ich werde mir viel Mühe und geistige Sorgen ersparen.

Von Leo Bergin werde ich gut sprechen. Er ist tot – und nach der Weltphilosophie sollten wir freundlich über die Toten sprechen. Was für eine abscheuliche Philosophie! Warum nicht freundlich über die Lebenden sprechen? Warum verspotten, harpunieren und beschimpfen wir die irrende Seele, bis sie in sinnlosen Staub zerfällt, und fühlen uns dann, wenn unsere vergifteten Pfeile nicht mehr brennen, gezwungen, „freundlich über die Toten zu sprechen"?

Oh! Meine Brüder, seid gut zu mir, solange ich lebe. Du kannst mich ermutigen, mir helfen, mich retten, und wenn ich tot bin, hast du eine ständige Einladung zu meiner Beerdigung, und deine Zungen werden mich nicht betrüben.

Aber auf Wiedersehen, träge Träumerei, auf Wiedersehen, verträumte Spekulation, auf Wiedersehen, Leichtigkeit und nachlässige Verschwendung kostbarer Stunden, und willkommene Mühe, denn ich werde Buße tun, also willkommen, mühsame Arbeit, und willkommen, du wirrer Haufen verdorbenen und zerknitterten Papiers, für mich sehne dich danach, die geflügelten Worte loszulassen, die du so heilig in deinem vergänglichen Griff hältst.

Es ist ein seltsames Geheimnis, die Macht der Worte. Das Leben ist in ihnen und der Tod. Ein Wort kann den purpurnen Strom mit vielen Bedeutungen an die Wange strömen lassen oder ihn kalt und tödlich zum Herzen lenken. Und doch ist ein Wort nur ein Hauch vorbeiziehender Luft. Das ist hübsch – ich hoffe, es ist originell, aber ich fürchte, das ist es nicht –, aber hier beginnt das Tagebuch, eine vollständige Aufzeichnung der Taten und Beobachtungen von Leo Bergin über zwei ereignisreiche Jahre. Wo ist Nummer eins? Ah! Hier sind sie, ein paar kleine alte, zerknitterte Laken, die ich noch nicht gesehen hatte. Nr. 1 ganz klar. Er begann damit und legte später seinen Papiervorrat bei. Ich werde die ersten paar Seiten *wörtlich zitieren*, da sie möglicherweise den Schlüssel zum Ganzen liefern.

Nun ja, das ist der Beginn dieser Karriere, ich hoffe, sie wird interessant. Es beginnt:-

„Auf See, an Bord des Dampfers *Irene* ,
„Vor der Küste Spaniens", 5. Oktober 1898.

"Schrecklicher Sturm! Der Zahlmeister sagte, wir seien in „unmittelbarer Gefahr". Gefahr! Wie aufregend! – wenn ein Kerl nicht so krank wäre. Schrecklicher Sturm! Aber im Vergleich zu meiner stürmischen Seele ist das wütende Mittelmeer still.

„Ich bedauere, Sir Marmaduke getroffen zu haben. Er hat mir eine Gefälligkeit erwiesen; Ich habe Folder gut bedient; Lucile und ich – ein armer Abenteurer – wurden Freunde. *Die Times* wollte, dass ich nach Armenien gehe; Ich habe mir das Geld vom jungen Folder geliehen, als sein Vater abwesend war; Der junge Folder hat offenbar das Geld aus dem Safe der Firma gestohlen; Er geriet bei seinem Vater in Ungnade, beschuldigte mich und – nun ja, Folder und Sir Marmaduke und die liebe Lucile halten mich alle für einen Dieb. Lass das alte Mittelmeer heulen, lass seine bergigen Wellen den Boden pflügen, bis alle Knochen aller, die es getötet hat, angespült und an die Küsten des blutigen Spaniens geworfen werden, und bis die Säulen des Herkules von ihrem Sockel gerissen werden, und ich werde es tun lache über die tobenden Launen der Natur und gehe lächelnd mit den Trümmern in den Tod und in die ewige Nacht. Aber zum Teufel, junger Folder! und ohne Lucile würde ich ihm einen Sinn für Proportionen beibringen. Sir Marmaduke wird irgendwann wissen, dass er sich nicht in mir geirrt hat – und in Lucile – nun, vielleicht würde sie mich lieber für einen Bösewicht halten, als zu wissen, dass ihr Bruder einer war."

Gut gut! „Oh, meine prophetische Seele!" Leo Bergin, vergib! Damals war Leo kein Dieb, und wie ein gewöhnlicher Narr hätte ich jetzt, da die Wahrheit ans Licht gekommen ist, wissen müssen, dass Leo Bergin sich mit seinen hervorragenden Fähigkeiten, seiner überragenden Eitelkeit und seiner Gleichgültigkeit gegenüber Reichtum nicht die Hände beflecken konnte entehren. Sicherlich war es ein törichtes Vorgehen, dass Leo Bergin zu diesem Zeitpunkt starb. Was für ein schöner Stoff für eine Romanze! Aber wir haben nie eine Romanze. Er fährt fort:-

„Heute Morgen habe ich herausgefunden, dass ich einen seltsamen Mitbewohner hatte. Körperlich ist er die schönste Art männlicher Schönheit, die ich je gesehen habe; und geistig scheint er über unserer menschlichen Natur zu stehen. Dass er kein Dummkopf ist, ist sicher, dass er nicht verrückt ist, davon bin ich ziemlich überzeugt, und dass er sich irrt, scheint kaum glaubhaft, gemessen an allem angeblichen Wissen unserer Generation, an den Beweisen der Wissenschaft und den Berechnungen von Denker, er redet den schärfsten Unsinn. Seine großartige Persönlichkeit, seine lockeren, anmutigen Manieren und seine allgemeine Intelligenz interessieren einen; Seine „erhabene Gabe des beredten Redens", seine scheinbare Logik und seine einschmeichelnden Ideen sind bezaubernd, aber die scheinbare Kühnheit, um nicht zu sagen die Kühnheit seiner Aussagen erstaunt einen. Aber für mich ist er widerstandslos; und ob gut oder schlecht, Erfolg oder Misserfolg, Leben oder Tod, ich habe mein Los mit ihm geschlagen.

„Abend, später. Seltsame Erfahrung – die Stürme haben für mich keinen Schrecken. Seltsam! Aber dieser mysteriöse Mitbewohner hat mich fasziniert. Ich war so verwirrt von seinen unmöglichen Aussagen und übertriebenen Behauptungen und von seiner völligen Gleichgültigkeit gegenüber unserer Ungläubigkeit, dass ich im Zimmer des Kapitäns Zuflucht suchte und hier, während ich einem interessanten Vortrag lauschte, vier der aufregendsten Stunden des Jahres verbrachte mein Leben.

„Der Kapitän ist sicherlich ein Gentleman von überlegener Qualität. Er verfügt über hervorragende Kenntnisse der Astronomie, ist ein Meister der Geographie und verfügt über umfassende Kenntnisse in den breiteren und allgemeineren Naturwissenschaften, und doch scheint er in der Gegenwart dieses Fremden in keiner Weise von unserer Welt zu stammen, die ihm gemein ist Nach unserem Verständnis ist er stumm vor Staunen.

„Dieses seltsame Wesen, sicherlich ein Mann, denn er isst und trinkt und raucht, und schlimmer noch, er schnarcht, sagt, er sei Amora Oseba, dass er in einer großen Stadt namens Eurania lebe, in einem Land namens Cavitorus, und dass sein Volk es sei namens Shadowas. Abgesehen davon, dass der Geist unbewusst abschweift, um dieses Land, diese Stadt und dieses Volk zu lokalisieren, scheint diese Aussage nur alltäglich zu sein.

„Aber wo ist Cavitorus? Wo ist die Stadt Eurania? Und wer zum Teufel sind die Shadowas? Abgesehen davon, dass er als überlegenes Exemplar angesehen werden könnte, könnte dieser Amoora Oseba – der arabisch klingt – leicht für einen Russen, einen Dänen, einen Schotten oder einen Yankee gehalten werden. Aber woher kam er? Er soll es uns sagen.

„Auf Vorschlag des Kapitäns lud ich ihn in die Vorderkajüte ein, wo sich unser Gastgeber, der Chefingenieur, ein Kaufmann aus Boston, ein Pfarrer, mein Kabinenkamerad und ich an einem Tisch zu interessanten Fragen trafen.

„Nachdem die Instrumente gebracht und die Gläser gefüllt waren, blickte der Kapitän Herrn Oseba ins Gesicht und sagte in männlichem Geschäftston: ‚Wir haben Interesse an Ihnen geweckt, Herr Oseba, und Ihre Aussagen erscheinen uns höchst erstaunlich , wir haben Sie in meine Hütte eingeladen, damit wir Sie überreden könnten, uns eine Erklärung Ihrer seltsamen Theorien zu geben; und als Einführung in das Thema möchte ich Sie fragen, aus welchem Land Sie stammen und was Ihr Ziel ist?

„Die Frage schien rational und für die meisten Männer wie leicht zu beantworten! Aber hier war eine neue Erfahrung. Alle Augen waren auf das hübsche, intelligente, ernste Gesicht meines neuen Freundes und Mitreisenden gerichtet, und er sagte: „Das Geheimnis liegt direkt hinter dem sichtbaren Horizont des Erkennbaren." Da ich die Bereiche Ihres geistigen und sichtbaren Horizonts erkundet habe, könnte jeder von Ihnen mir eine solche Frage leicht und zur Zufriedenheit aller beantworten; Aber da mein Land jenseits Ihres geistigen und sichtbaren Horizonts liegt, kann ich nur mit einer Erklärung antworten und solche Linien verschieben oder vorantreiben.'

„Hier nahm Amoora Oseba einen Globus in die Hand und bemerkte, dass sie als gebildete Männer dies als eine ‚gefälschte Darstellung' oder ein Modell der Welt betrachteten, in der sie lebten. Er erklärte, dass unsere Vorfahren Millionen von Jahren lang gleichgültig blieben und dann über die Gestalt oder Form der Welt, in der sie lebten, stritten; dass in verhältnismäßig jüngster Zeit sich liebende Menschen gegenseitig dafür kritisierten, dass sie glaubten, die Welt sei rund, und dass die fortschrittlichsten Menschen in wirklich vorgestern Zeiten nichts Besseres hatten als eine korrekte Vorstellung vom Aufbau des Universums.

PREMIER SEDDON UND SEINE POLITISCHE FAMILIE.

„‚Früher', sagte er, ‚glaubten unsere Vorfahren, die Welt sei flach. Diese Frage galt jahrtausendelang als geklärt. Für eine verhältnismäßig kurze Zeit galt die Welt als rund, als feste Kugel. Dies war für diesen kurzen Zeitraum die „festgelegte" Vorstellung."

„Aber er versicherte uns, dass die Vorschläge gleichermaßen falsch seien. Die ganze Gruppe war geneigt zu lachen, aber er fuhr fort. Er erinnerte uns daran, dass wir alle an die Nebeltheorie glaubten, dass unsere Erde und die anderen Planeten durch die schnelle Rotationsbewegung der Sonne weggeschleudert worden seien; dass diese Massen in einer schnellen Revolution Formen angenommen hatten, die ihrer revolutionären Geschwindigkeit eigen waren, dass Planeten ihrerseits Massen abgestoßen hatten, die zu Satelliten geworden waren, und dass diese Form ein Ergebnis von Bewegung, Masse und Volumen war. Er erinnerte uns an die natürliche Tendenz der Materie, von der Oberfläche eines sich schnell drehenden Rades, Zylinders oder Globus zu fliegen.

„Das war bei unserer Erde der Fall. Während es sich noch um eine nachgebende oder geschmolzene Masse handelte, wirbelte es sehr schnell um seine Achse, die Oberfläche kühlte ab und wurde starr, und die geschmolzene Materie zog sich zusammen. Dabei wanderte das Kunststoffinnere in Richtung Kruste, wodurch die Kühlmasse immer weniger Platz einnahm. So teilte sich das Zentrum, und unsere Erde wurde nicht zu einer festen Kugel, wie man euch beigebracht hatte, sondern zu einem ovalen Ring, einer hohlen Kugel, die sich schnell drehte, wie es die Ringe des Saturn tun, die nach dem gleichen Gesetz entstanden, aber aufgrund der Da die Masse in ihrem Fall größer war, hielt die Schwerkraft des Inneren die zentrale Masse wie einen Planeten zusammen. „Tatsächlich", sagte er und nahm einen großen Apfel in die Hand, „wenn das Kerngehäuse dieses Apfels mit einer Sorgfalt entfernt würde, die die richtige Krümmung bewahren würde, würde ich es wagen, von „Ovalität" zu sprechen, es würde eine exakte sein Modell unserer Welt. Dann ist die Welt hohl, nicht fest, und sie ist über dem Oval bewohnbar und bewohnt."

„Die Mitglieder der Partei sahen einander mit amüsierter Neugier an. „Symmes!" sagte der Kapitän; „Hurra für den alten Kentuck!" sagte der Yankee; 'Logik!' sagte der Ingenieur.

„Du lächelst', sagte Oseba, ‚aber ein Mann kann lächeln und lächeln, er kann sogar höhnisch grinsen und sich trotzdem irren.'

„Er sah so ungestört, so würdevoll und ernst aus, dass die Leichtfertigkeit aufhörte, und er sagte: ‚Im Allgemeinen akzeptieren Männer ihre Meinungen vorgefertigt und suchen nur nach bestätigenden Beweisen.' Als Galilei eine neue Wahrheit verkündete, wurde er durch das Stirnrunzeln der Autoritäten zum Schweigen gebracht. Wer hatte recht? Als Bruno eine große Wahrheit verkündete, wurde er von der Autorität verärgert. Wer hatte recht? Alle deine Schuljungen von heute wissen es.'

„‚Aber als Symmes eine neue Theorie aufstellte, weil die Welt toleranter oder weniger ernst geworden war, wurde er außergerichtlich ausgelacht, während diejenigen, die Galilei einsperrten, Bruno kochten und Kolumbus und Magellan lächerlich machten, nachlässig geworden waren und sich amüsierten indem er die nördlichen Regionen von Symmes als „Symmes' Hole" bezeichnete.

„‚Nun, meine Herren', sagte Herr Oseba, ‚ich komme von jenseits des Ovals, aus ‚Symmes' Hole', und nach fünf Jahren ständiger Reisen und intensiver Studien unter den Menschen der Außenwelt, die wir Outeroos nennen, Ich kehre nach „Symmes' Hole" zurück, und dieser junge Mann, der sich zu mir umdreht, „geht mit mir, um Bericht zu erstatten."

„Es gab keine Heiterkeit, der Kapitän trommelte auf dem Tisch und sagte: ‚Ähem!' Der Yankee sagte, während er mich fragend ansah: „Nun, ich schätze, er wird sich ziemlich gut einhüllen müssen, und ich denke, unser Haus könnte ihm eine angemessene Kleidung geben", und der Ingenieur sagte zu mir: „Erhöht die." „Vorhang ist der interessanteste Teil der Aufführung."

„‚Aber das liegt weit außerhalb unserer Erfahrung und unserer Beobachtungen', sagte der gutmütige Kapitän.

„‚Verzeihung', sagte der ruhige Oseba, ‚die Beobachtungen Ihrer erfahrenen Männer haben unsere Behauptungen nur bestätigt, obwohl die bisherigen Beweise die Hypothesen Ihrer Theoretiker nicht gestört haben. Aber was sind die Beobachtungen Ihrer erfahrenen Männer? Dies führt zu einer weiteren Fragestellung.'

„Abgesehen von einer gelegentlichen Frage war das Schweigen der Zuhörer von Anfang an ungebrochen. Das Thema war eingehend besprochen worden, und da es spät wurde, einigte man sich darauf, dass sich die Gruppe am folgenden Abend sofort nach dem Abendessen traf. Alle Gesichter sahen jetzt ernst aus. Der Kapitän dankte dem Fremden und sagte: „Wir trafen uns, um zu spotten, wir verharrten in gespannter Aufmerksamkeit, wir zogen uns zurück, um zu meditieren." „Morgen Abend", sagte er, „werden wir Sie, unseren würdigen Gast, mit einem anderen Gefühl befragen. Gute Nacht.'

„Was für ein einzigartiges Erlebnis! Wie gern hätte ich Sir Marmaduke bei uns gehabt. Aber Sir Marmaduke hält mich für einen Dieb und seiner Anwesenheit unwürdig.

„Nun, auf Wiedersehen, alter Tag,
ich werde mich hinlegen und meine Sorgen wegschlafen."

Von George! das ist auffällig. Der Mann aus „Symmes' Hole". Ha! Ha! Nun, ich wünschte, ich wäre dort gewesen. Aber Leo Bergin tut mir Unrecht, denn ich war zu nachlässig, um über sein Verbrechen oder angebliches Verbrechen nachzudenken, denn tatsächlich mochte ich ihn, als ich ihn traf, und in seiner Abwesenheit habe ich weder an ihn noch an seines gedacht Torheit.

„Was für Narren wir Sterblichen sind!" Wir machen uns ständig Gedanken darüber, was andere über uns denken, während in Wirklichkeit jeder der „Anderen" mit seinen eigenen Angelegenheiten beschäftigt ist. Was „alle sagen", ist normalerweise nur das, was irgendein müßiger Einmischer sagt, und die geschäftige Welt macht sich darüber keine Gedanken und kümmert sich nicht darum. Aber Leo Bergin hat an mich gedacht, nun ja …

„Ich würde die Ländereien von Deloraine hergeben,
wenn Musgrove wieder am Leben wäre."

Aber: „Niemals, nie mehr."

Lassen Sie uns sehen, was folgt, denn das ist weitaus interessanter als eine Werbung. Mal sehen – am nächsten Tag verließ ich das Schiff in Lissabon, als Antwort auf die Post aus Hamburg. Mal sehen, ob ich genauso leicht vergessen werde wie er und was der Mann aus Symmes' Hole bei der vertagten Sitzung zu sagen hatte. Bei meiner Seele, das ist reich! Die Notizen lauten:

„Auf See, an Bord der SS *Irene* ,
„Vor der Küste Portugals", 7. Oktober 1898.

„Es ist die heilige Mitternachtsstunde, und Stille brütet jetzt über einer stillen und pulslosen Welt.

„Was für ein ereignisreicher Tag! Als ich ein paar Stunden im alten Lissabon verbrachte, ein paar Einkäufe erledigte – Papier, um Dinge aufzubewahren, die die ganze Welt erschrecken würden –, sah ich Sir Marmaduke auf den Stufen der Kathedrale; er antwortete nicht auf meinen Gruß. Wenn ich lebe, wird er mich besser kennen. Wenn – oh, dieses schreckliche „Wenn"! Dieser kurze Stillstand, der in all unseren Hoffnungen auftaucht, um uns zu trösten, dieser kurze Stillstand, der Ohnmacht für Misserfolge entschuldigt, lässt mich erschaudern.

„Habe ein langes Gespräch mit meinem Häuptling Oseba *über* unsere Polarreise. Seltsam, ich spreche offenherzig darüber und mache meine Pläne, als ob sie tatsächlich wären, und doch spottet mein Urteil über meine törichten Träume, denn tatsächlich muss es die Täuschung eines Verrückten sein. Also dachte ich um 16 Uhr –

"Später.

„Pünktlich um acht versammelte sich die Gesellschaft vom letzten Abend wieder in der Kapitänskajüte. Am Tisch saßen alle, Amora Oseba reichte ein paar feine Zigarren herum, die Gläser wurden gefüllt und der Kapitän sagte: „Nun, Herr Oseba, wir würden gerne mehr von Ihnen hören, denn wenn Sie verrückt sind, scheint es so zu sein." Methode in deinem Wahnsinn. Wenn Sie ein Witzbold sind, sind Sie ein äußerst charmanter Entertainer, aber wenn Sie vernünftig und aufrichtig sind, sollten Sie zum Wohle der Welt ruhig bleiben, nur wenn es nötig ist, um sich für weitere Anstrengungen zu erfrischen.'

„Der Kapitän hatte einen sechs Zoll großen Globus vorbereitet, indem er den axialen Kern entfernte und die äußeren Öffnungen verkleinerte, um ihn oval mit den äußeren Kurven zu lassen, damit Herr Oseba seine Illustrationen einfacher anfertigen konnte – das war Osebas ‚Apfel' Kern entfernt.

„Als Herr Oseba aufstand, dankte er dem Kapitän für seine Höflichkeit, und indem er den Globus hob, erinnerte er die Gruppe daran, dass er die Beobachtungen erfahrener Männer überprüfen sollte, um das zu untermauern, was für ihn mehr als eine Theorie war. Er bat seine Freunde, sich die neue Form unseres Globus vorzustellen, denn das sei wichtig.

„Er machte zunächst darauf aufmerksam, dass alle extremen Nordpolarregionen reich an Abfällen oder Überresten tierischen und pflanzlichen Lebens seien. Dies wurde „geklärt". „Alle Seefahrer sind sich einig", sagte er, „dass Tiere, die Winterschlaf halten, etwa über 80 oder sogar 78°, zum Überwintern nach Norden ziehen; und dieses Treibholz kommt aus dem Norden mit Blumen, die den Botanikern unbekannt sind. In hohen Breiten kommen im Frühjahr Vögel und Insektenschwärme aus dem Norden, und Tysons Männer töteten viele dieser Zugvögel, um Nahrung für seine Besatzung zu gewinnen. In den Klauen dieser Vögel wurden unverdaute Weizenkörner gefunden, von denen einige in Kalifornien gepflanzt und gewachsen waren. Der Kern dieses Weizens war dreimal so groß wie gewöhnlich und die Jahreszeiten in Kalifornien waren für seine

Reifung zu kurz. Woher kamen nun die Vögel, der Weizen und die Insekten? Offensichtlich aus „Symmes' Hole". Greely stellte fest, dass das Eis bei 82° nur vier Fuß dick und bei 84° weniger als zwei Fuß dick war, sodass das Eis die Boote nicht tragen konnte, und viele Seefahrer berichten von einem offenen Polarmeer und stark aufgewühlten Gewässern in hohen Breiten.

„'Nach der alten Theorie muss man wissen, dass sich der Nordstern an den Polen direkt über ihnen oder im Zenit befinden muss. Aber tatsächlich wissen alle Polarforscher, dass der Polarstern im Zenit bei etwa 80° steht und dass er bei 83-4° weit am Heck des Schiffes zu sehen ist. Wenn die alte Theorie wahr wäre, würde dieses bei 84° beobachtete Phänomen erst auftreten, nachdem ein Schiff etwa zehn oder zwölf Grad am Pol vorbeigesegelt ist.

„'Tatsache ist', sagte er, 'wenn man mit 84° nach Norden segelt, ist die Kante vorbei, die Krümmung ist schärfer und das Schiff taucht in das 'Symmes' Hole' ein.' Darüber hinaus zieht sich der Horizont bei 82° Nord deutlich nach Norden und Süden zusammen und verlängert sich nach Osten und Westen enorm. Das ist am Rande, am Punkt der schärfsten Krümmung.'

„Obwohl diese Argumente für den Kapitän nicht ganz neu waren, trafen sie ihn mit neuer Kraft und die Partei schwieg. In der Annahme, dass er seinen Fall erkannt hatte, versicherte uns der Weise zuversichtlich, dass die Erde hohl sei und an den Polen Öffnungen habe; dass die äquatorialen Seiten etwa 3000 Meilen dick sind; dass die Oberfläche der Innenwelt wie die Außenwelt Berge und Ebenen, Flüsse und Seen hat; dass es verhältnismäßig weniger bewohnbares Land gibt, da eine Äquatorzone von etwa 2000 Meilen völlig unbewohnbar ist; dass sich auf beiden Seiten davon ein bewohnbarer Gürtel unterschiedlicher Breite befindet; dass es durch die Sonne und ihre Reflexionen sowie durch elektrische Phänomene reichlich Licht und Wärme gibt; und dass etwa 3000 Meilen nördlich des Äquators, direkt unter und gegenüber dem Greenwich-Meridian, die Stadt Eurania liegt – die schönste und opulenteste auf diesem Planeten – die Hauptstadt eines großen und reichen Landes.

„Einige Augenblicke lang herrschte Stille, als der zutiefst interessierte Mann aus Boston im äußerst neugierigen und ernstesten Tonfall sagte: ,Aber, mein lieber Herr, da wir offensichtlich ungefähr der gleichen Klasse von Gütern angehören und wahrscheinlich aus dieser Klasse ausgeschlossen wurden.' Dieselbe Mühle, wie zum Teufel seid ihr da runtergekommen? Und wie zum Teufel bist du da rausgekommen?'

„Diese Diskussion, so gelehrt, so ausführlich, so logisch, so eloquent und so ernst, sollte beibehalten werden, bis hin zu den Tönen und dem Ausdruck, aber ich bin müde, und es ist spät, und wenn – da ist dieses ,Wenn' noch einmal – wenn ich lebe, wird nichts von dieser Szene untergehen; Und wenn ich es nicht tue – und das werde ich auch nicht –, habe ich genug Zeit damit verbracht, denn wahrscheinlich ist alles verloren, also werde ich es „auf den Punkt bringen".

„Nun, als Antwort sagte Amora Oseba, dass es mittlerweile eine wohlbegründete Theorie sei, dass es wahrscheinlich aufgrund periodischer Schwingungen der Erde, deren Verlauf und Charakter noch nicht verstanden wurden, große Temperaturänderungen auf der Erde gegeben habe Polarregionen. Das Absinken und Zurückweichen der polaren Eisgrenzen in nicht allzu ferner geologischer Zeit in der Vergangenheit ist überdeutlich . Die Temperatur an den sogenannten Polen hatte sich erheblich verändert, und der Eisgürtel schwankte so stark, dass zeitweise Tiere und höhere Pflanzenarten in hohen Breiten blühten, wie aus den zahlreichen Überresten unverwester Tiere hervorgeht, die noch immer in den Eisfeldern gefunden wurden.

EINE SCHÖNE GESCHICHTE.

„Dann erzählte er von einer Überlieferung unter seinem Volk, in der er berichtete, dass in der weit entfernten Vergangenheit – wahrscheinlich zu einer Zeit, als die Polarregionen eher gemäßigt waren und der Großteil der Menschheit noch in Barbarei lebte – ein kleiner Stamm friedlich gesinnter Menschen ein … bewohnte fruchtbare Region in einer offenen Welt, in der sich der Horizont in alle Richtungen gleichermaßen erstreckte.

Herr TE Donne, Superintendent für Touristen- und Kurorte; Sekretär des Ministeriums für Industrie und Handel; Sekretär der New Zealand

Commercial Intelligence Department des British Board of Trade; Repräsentative St. Louis-Ausstellung. Durch seinen Fleiß, sein Können und seine bescheidene Offenheit sowie die Verdienste seines „Unternehmens" entwickelt sich Herr Donne zu einem der bekanntesten Reisebüros der Welt, und er ist einer der kompetentesten und vertrauenswürdigsten von Sir Joseph Wards sorgfältig ausgewählten Reisebüros Personal.

„Der Anführer dieser liebenswürdigen Menschen war eine attraktive und gebieterische Persönlichkeit namens Olif. Dieser Olif hatte eine wunderschöne Tochter, deren Mutter, während sie Blumen für ihr Kind sammelte, auf Befehl einer neidischen und kinderlosen Königin erdrosselt worden war. Der Name der Tochter war Eurania, was „Sonnenstrahl" bedeutet. Aber als sie zur Frau heranwuchs, ähnelte sie ihrem Vater so sehr und war so ständig an seiner Seite, dass die beiden Wesen wie ein Doppelgänger – aber eine einzige Seele – schienen, und bald vergötterten die Menschen das Mädchen unter dem Namen Oliffa. Olif und Oliffa, der Häuptling und seine Tochter, hatten als Schutzgeister die höchste Autorität.

„Bei einem großen Fest, bei dem viele verwandte Stämme und Nationen zusammenkamen, um ein historisches Ereignis zu feiern, verliebte sich ein grimmiger Häuptling eines kriegerischen Stammes in Oliffa. Er verlangte sie als eine seiner Frauen. Oliffa lehnte ab – es kam zu einem Angriff auf die Waffen und viele von Olifs Leuten wurden getötet.

„Der große König Oonah ergriff Partei für seinen kriegerischen Häuptling. Oliffa wurde gewaltsam gefangen genommen, sie wurde vor den Augen ihres Volkes zu einem Altar geführt, ihre Knöchel wurden mit Fesseln belastet, ihr ganzer Stamm war zum Aussterben verurteilt und es wurden Vorbereitungen für das allgemeine Massaker getroffen. Als der König sah, dass Oliffa stattlich, schön und zugleich weise war, sagte er:

„‚Olif und sein Stamm sollen nicht getötet, sondern verbannt werden – verbannt; denn es ist nicht gut, dass ein so gutes Volk von der Erde verschwindet. Ich habe gesprochen.'

„Aber Olif und seine Anhänger versammelten sich, und die Krieger antworteten mit einer trotzigen Stimme:

„‚Obwohl wir vielleicht nicht hoffen, der Macht Ihrer wilden Häuptlinge, die uns vertreiben würden, zu widerstehen, werden wir hier unter dem Blick von Oliffa kämpfen, bis wir alle sterben. und", sagten sie mit donnernder Stimme, „wir haben gesprochen."

„Oliffa, heldenhaft in ihrer Verzweiflung, richtete sich zu voller Größe auf und hob flehentlich ihre Hände zu den Nationalgöttern, mit einer klaren und ernsten Stimme, die den Häuptling zum Zittern brachte:

„,Nein, mein Vater und mein Volk, sterben nicht, sondern leben für Oliffa – außer einem Überrest des Stammes Olif. Ich bin Oliffa – menschliche Tugend ist größer als Könige oder der Tod. Gehe in den Norden, wohne in meiner hohlen Hand, und am Ende der Zeit wirst du zurückkehren, um mich zu umarmen.' Sie war fertig.

„Mit gesenktem Kopf und voller Trauer zogen sich Olif und seine Anhänger zurück und machten sich langsam auf den Weg in die unbekannten Regionen des Nordens. Doch eine Gruppe mit dem wütenden Häuptling Sawara wurde verfolgt, und als Olif und seine Bande an den Rand des Landes kamen, flüchteten sie auf eine scheinbar kleine Insel. Hier schlugen sie ihre Verfolger zurück, und bald sahen sie, wie sich der Kanal, der sie vom Festland trennte, verbreiterte, und sie dankten ihren Gottheiten für ihre Befreiung.

„Aber leider! Sie entdeckten bald, dass sie sich auf einer Eisscholle befanden und nach Norden in Richtung des offenen Meeres zogen. Die Vorräte gingen bald zur Neige, sie beteten zu ihren Göttern, sie schwebten und litten, und als die Schwächeren starben, griff man auf Kannibalismus zurück – denn der Wahnsinn ergriff die verzweifelte Partei. Tage und Wochen vergingen, ein undurchdringlicher Nebel hüllte sie ein und sie gaben sich völliger Hoffnungslosigkeit hin.

„Doch bald wurde die Atmosphäre milder, man hörte die fernen Brandungen, der Nebel stieg wie ein Vorhang auf, und siehe da! Land war nahe. Noch näher schwebten sie. Die Nacht brach an, der Vollmond schien, aber er bewegte sich nicht am Horizont auf, sondern entlang. Der Morgen kam, hell und mild. Die Scholle hatte einen fremden Hafen erreicht und bald war die Küste erreicht. Es schien ein „schönes Land" mit fruchtbarem Boden und angenehmem Klima zu sein.

„,Aber ein Rest des friedlichen Stammes Olif', sagte er, ,wurden gerettet – neun Männer, dreizehn Frauen und fünf Kinder. Sie schnitten Zweige und bauten eine Wohnung und sagten: „Dies soll unsere Wohnung sein." Unsere Stadt soll zu Ehren unseres Verlorenen Eurania heißen, und hier werden wir bleiben, bis wir zur Göttin Oliffa zurückkehren.

„,Dieses Land', sagte Oseba, ,war Cavitorus. „Diese Leute waren die Vorfahren meines Volkes, der Shadowas, und an den Ufern eines bezaubernden Hafens bauten sie die Stadt Eurania, die schönste Stadt der Gegenwart auf diesem Planeten."

„„Im Laufe aller Zeitalter, von der Barbarei bis zur Gegenwart', sagte Oseba, ‚gab es eine bleibende Geschichte, eine schwache Überlieferung unter den Menschen und eine vage Vorstellung, dass sie im Schatten lebten, in der Senke eines Hand, und dass sie irgendwann in späteren Zeitaltern oder in späteren Leben in eine Oberwelt zurückkehren würden, die in Kindermärchen und von den Abergläubischen Oliffa genannt wird, wo die Bewohner Outeroos genannt werden – weil sie in der Außenwelt wohnen.

Leo Bergin spricht im Selbstgespräch:—

„Was für eine erstaunliche Torheit! und doch bin ich auf dem Weg über die grenzenlosen Felder aus Eis und Schnee und den Knochen toter Männer zu dieser Phantomstadt, Eurania. Mut! wer weiß, denn –

„Es gibt mehr Dinge im Himmel und auf der Erde, Horatio,
als in deiner Philosophie geträumt wird.“

„„Nun', sagte Oseba, ‚diese wenigen Menschen waren von einer liebenswürdigen Rasse, und eine gemeinsame Gefahr und ein gemeinsamer Kummer hatten sie zu Brüdern gemacht. Damals gab es in diesem Land viele Tiere, stark, liebenswürdig und leicht zu zähmen; Die Berge waren zugänglich, das Klima angenehm und der Boden so fruchtbar, dass nichts auf Wildheit hindeutete. Die ganze Natur lächelte und der Mensch schritt friedlich voran.'

„„Die Menschen', fuhr er fort, ‚wuchsen, sie waren wohlhabend und glücklich. Sie hatten keine Feinde – Krieg war also unbekannt. „Die Tiere der Jagd wurden gezähmt und die Landwirtschaft wurde schon früh zu einer Beschäftigung.“

„Traditionen wurden gebrochen; Hinter den Menschen gab es nur tote Mauern. Unendliches Eis und Schnee sowie die Zeit trennten sie von der Vergangenheit. Mit der florierenden Industrie wuchs die Bevölkerung. Entlang der Binnenküste wurden Kolonien gegründet und der Handel entwickelt. Es gab keine Despoten, die man ausplündern konnte, keinen Aberglauben, der vernichtet werden konnte, keine Kriege, die man verwüsten konnte, keinen Müßiggang, den man verschwenden konnte, und als Ergebnis folgte Reichtum, wie ihn sich die Outeroos nie erträumt hätten.

„Das Land wurde für die Menschen gehalten, aber das Land war begrenzt, und im Laufe der Jahrhunderte wurde die Bevölkerung sehr dicht. Zivilisation und Wissenschaft waren gekommen, aber die Bevölkerung begann, auf die Existenzgrundlagen zu drängen. Es entstanden wohlhabende Nationen, der angesammelte Reichtum war groß, aber der Platz wurde knapp. Eine Zeit lang half erfinderisches Genie, das Problem zu lösen, aber die Sorgen vervielfachten sich, je einfacher der Kampf wurde. Bald boten die

Notwendigkeiten Heilmittel gegen wachsende Übel an, deren Nichtanwendung eine universelle Zerstörung bedeutete.

„Die Bevölkerung drängte sich zusammen und die Schwachen und Deformierten wurden ‚entfernt‘.“ Die Abhilfe war nur zögerlich, und nach und nach wurde der Druck immer stärker. Im Laufe der Jahrhunderte wurden alle Schwachen, Wertlosen und Untauglichen sterilisiert. Der Druck nahm noch zu. Der Staat sorgte dann dafür, dass alle Kinder in Obhut genommen wurden, und nur die fittesten durften Eltern werden.

„Mit dieser Politik und unter kluger Führung wurde der Staat zur ‚universellen Mutter‘. Die Eltern kannten ihre Nachkommen nicht, und die Nachkommen kannten ihre Eltern nicht, und die Liebe zur Menschheit und die öffentliche Pflicht wurden zu den inspirierenden Motiven menschlichen Handelns. Im Rahmen dieser Politik haben auch die führenden Nationen von Cavitorus, mit den Shadowas an der Spitze, ihre gegenwärtige Zivilisation entwickelt. Durch eine solche Politik konnten sie die Bevölkerung an die Möglichkeiten des Landes anpassen und so, während sie ihre opulente Gegenwart aufbauten, geistig, moralisch und körperlich den besten Menschentyp entwickeln, der jemals auf diesem Planeten gelebt hat.

„Oseba erklärte die Schnelligkeit des Bodens in Cavitorus, die Länge der Jahreszeiten und Tage mit ihren besonderen Unregelmäßigkeiten. Er beschrieb die Bewegungen der Sonne, ihr Aussehen zu verschiedenen Jahreszeiten und warum es in diesen Regionen nie ganz dunkel war.

„Dann trug er eine weitere Überlieferung vor, in der er berichtete, dass zu der Zeit, als die Menschen Cavitorus erreichten, der helle Stern Oree der ‚Polarstern‘ war, dass er sich allmählich entfernt hatte, aber dass er in etwa zwanzigtausend Jahren zu seinem alten Zustand zurückkehren sollte Position. Darüber hinaus würden die Shadowas bei der Rückkehr von Oree – so die Überlieferung – aus ihrer scheinbaren Isolation befreit und mit ihren Brüdern aus der Außenwelt in der Gegenwart oder auf der Oberfläche von Oliffa wieder vereint werden.

„‚Sehen Sie‘, sagte Oseba, ‚in der Entwicklung aller Menschen sind ihre Mythen und ihre Helden stark verbunden, wenn sie nicht die tatsächlichen Kräfte der Natur sind und alle eine Würze der Wahrheit als Grundlage haben.‘

„‚Die Leute hatten Oree beobachtet; warteten auf seine Rückkehr und achteten auf Anzeichen der bevorstehenden Veränderung oder, wie sie es ausdrückten, auf einen „Befreier“. Aufgrund dieser Überlieferung glaubten sie, dass sie seit zwanzigtausend Jahren in Cavitorus lebten und dass die Zuversicht auf ihre zukünftige Befreiung ein tief verwurzelter Aberglaube, ein echter Glaube und eine echte Hoffnung sei.

„„Nun, Oree, von der Stelle aus gesehen, an der die ersten „Pilger landeten“, wie durch einen Gipfel auf einem entfernten Berg angezeigt, erschien vor etwa fünfundzwanzig Jahren, und genau in dieser Nacht wurden die Beobachtungen teilweise aufgenommen Als ein Schiffswrack an unsere Küste geworfen wurde, ist es kein Wunder, dass die lange aufgeschobene Hoffnung in einer Bewegung für Nachforschungen und Erkundungen ihren Ausdruck fand.

„Später wurde ein zahmer Hund mit einem Messinghalsband um den Hals von einer Eisscholle gefangen. Noch später, einige Monate später, trieben eine kleine Kiste und ein Schneeschuh an Land. In Ihrem Jahr 1890 wurde am Strand die Leiche eines in Pelze gekleideten weißen Mannes gefunden, und am nächsten Morgen wurden zwei Leichen von Esquimaux gefunden. Da wir am Meer lebten, wussten wir, woher diese kamen. Daraufhin nahm der Staat die Arbeit auf, bewilligte Mittel, organisierte eine Party und, nun ja“, sagte er, „sie rüsteten eine Expedition reichlich aus, übertrugen mir die Leitung, und nach fünf Minuten bin ich hier bei meiner Rückkehr nach Cavitorus.“ '“

Was für eine meisterhafte Logik! Was für ein Geschick im Ordnen von Details!

„Nun“, fügt Leo Bergin im Selbstgespräch hinzu, „wenn es wahr ist, und das muss es sein, denn ich gehe dorthin, wie viel seltsamer als Fiktion!“

Die Notizen gehen weiter:

„Der Kapitän erkundigte sich nach den Häfen entlang der Küste von Cavitorus; Der Mann aus Boston erkundigte sich, ob es Goldminen gäbe. der Pfarrer, wie hoch die Shadowas ihre Kirchtürme bauten; und der Ingenieur, welche Antriebskraft für den Transport verwendet wurde.

„Herr Oseba antwortete darauf: ‚Ich fürchte, wenn ich Ihnen die halbe Wahrheit über diese Dinge sagen sollte, würden wir zu unserem Leidwesen ‚entdeckt‘ werden.‘

„Es war schon spät, und da alle von der Aufführung benommen zu sein schienen, zerstreute sich die Gesellschaft, um zu Bett zu gehen —

„Schlafen: vielleicht träumen: Ja, da ist das Problem.“

ES EINKOMMEN.

Nun, das ist reich! Leo musste es abbrechen, aber er hat mir viel Ärger erspart. Mal sehen. Hier sind viele interessante Details — interessant, wenn das Leben nicht so kurz wäre —, aber ich muss es „auf den Punkt bringen“, denn „Würze“ ist das richtige Wort.

Die beiden Abenteurer verließen die *Irene* in Amsterdam, liefen nach
Hamburg, wo sie über den Winter blieben, und nahmen zusammen mit
Osebas Mitabenteurern einen kleinen Dampfer, der als Versorgungsschiff
für eine in den Meeren im Norden „eingefrorene" Polargruppe geschickt
wurde von Spitzbergen. Als sie von Bord gingen, schlossen sie sich einer
Gruppe an, die weiter nach Norden reiste, mit der Absicht, an einem
bekannten Punkt das offene Meer zu erreichen. Wie zu erwarten war, „war
die Kälte heftig", aber die Gruppe war hervorragend ausgerüstet und die
Polarreisen machten schnelle Fortschritte.

Mitre Peak, Milford Sound

„Oseba", heißt es in den Notizen, „griff auf eine Zeitschrift zurück, die er
ihm
auf seiner Hinreise zu diesem Zweck zur Verfügung gestellt hatte. Hier
befanden sich Vorräte an kondensierter Nahrung, Kleidungsstücke, die der
Kälte trotzen, Instrumente, die durch Reflexion Licht in Wärme
umwandelten, und verschiedene wissenschaftliche Geräte, von denen einige
die Gruppe praktisch immun gegen Kälte machten und andere ihnen dabei
halfen, vielen Gefahren zu begegnen. "

Leo Bergin hatte nicht den Ruf, die Strapazen jedes Abenteuers, auf das er
sich einließ, zu unterschätzen, aber alles in allem geht aus seinem Bericht
hervor, dass unter der Führung dieses Zauberers aus „Symmes' Hole" ein
Besuch im Spring- Ein Abtransport an einen anderen Ort im Norden könnte
ohne große Unannehmlichkeiten oder Risiken für Leben oder Gesundheit
erfolgen.

Nur einmal auf fünfzig Seiten Notizen klagt Leo Bergin über Not. Kein einziges Mal drückt er sein Bedauern aus und er verliert kein einziges Mal das Vertrauen in seinen Meister. Nur einmal sagt er: „Die Strapazen sind groß", und dann fügt er hinzu: „Aber das Genie von Oseba hat uns so immun gegen die Angriffe der Natur gemacht, dass wir uns im Wesentlichen fast wohl fühlen."

Es waren sieben der zurückkehrenden Gruppe, fünf der neun Freunde, die fünf Jahre zuvor mit Oseba diese gefrorenen Ebenen durchquert hatten, und die beiden „Star"-Abenteurer.

In Anbetracht der Geschichten, die von Nordpoljägern geschrieben wurden, sind die Vorkommnisse dieser Reise, von 80° über das „Oval" oder Rand bis hin zu 60° im Inneren, kaum eines ausführlichen Kommentars wert. Also werfe ich die ganze Reise über diese weglosen Eis- und Schneefelder in den Papierkorb oder, noch besser, lasse sie hier und verbringe sie mit noch größerer Sicherheit in der Vergessenheit.

Wäre Leo Bergin ein Narr gewesen, hätte man in diesen aufrichtigen Notizen tausend reichere Geschichten finden können, als sie jemals von denen geschrieben wurden, die sich auf der Suche nach Ruhm den Massen angeschlossen haben, die ihre Knochen in den unbekannten Regionen des Nordens zurückgelassen haben.

„Aber die Wahrheit ist ein so reiches und seltenes Juwel.
Wenn sie gefunden wird, sollte sie mit märtyrerhafter Sorgfalt gepflegt werden."

Deshalb überspringe ich metaphorisch etwa fünfzig Seiten von Leo Bergin und greife die Geschichte auf, in der die Gruppe in dem kleinen, aber malerischen Hafen ankam, an dessen Ufern sich die Stadt Eurania, die Hauptstadt von Cavitorus, befindet – direkt über dem „Oval". "

Über fünf lange Jahre waren vergangen, seit der Weise Oseba, das Idol von Cavitorus, und seine neun tapferen Freunde beauftragt worden waren, die Außenwelt zu erkunden, auf der Suche nach Wahrheit, auf der Suche nach Gesetzen oder Bräuchen, anhand derer die Shadowas klüger sein könnten geführt werden, oder ein Land zu finden, in das es sinnvoll und sinnvoll sein könnte, eine Kolonie ihrer Kinder zu schicken. Vier waren umgekommen, und diese sollten gebührend betrauert werden; aber „die siegreichen Helden kommen", und sie sollten gebührend willkommen geheißen werden, und als ihre Annäherung angekündigt worden war, drängten sich Tausende von reich gekleideten Menschen am „Wasserufer", und die wunderschöne Stadt war in Festtagskleidung gekleidet. Auf die Beschreibung der Straßen, Brunnen, Parks, goldenen Statuen und anderer atemberaubender Objekte wird ausführlich eingegangen, aber „Platzmangel" und die Liebe zur Bequemlichkeit ermahnen mich zum „blauen Bleistift". " viele Seiten dieses schicken Stoffes.

Die großartige Persönlichkeit und die prächtige Kleidung der Menschen erstaunten den praktisch veranlagten Leo Bergin. Ich werde hier ein Zitat wagen und es dann noch einmal „auf den Punkt bringen".

Er sagt:-

„Das Erscheinungsbild der Menschen, wie sie sich ohne Verwirrung entlang und hinter der Küste drängen, ist äußerst auffällig. Sie wirken übergroß und haben eine sehr symmetrische Form, und sie bewegen sich so anmutig wie ausgebildete Schauspieler. Sie haben fein gemeißelte Gesichtszüge, tiefe, ziemlich große und ausdrucksstarke Augen, einen leicht gebräunten Teint, und in jedem neugierigen Blick, Blick oder Gesichtsausdruck liegt eine leichte, bescheidene Würde, wie ich sie noch nie zuvor gesehen habe, selbst bei den seltensten wenige. In jedem Gesicht liegt eine tiefe und echte Freude; aber von Begeisterung, Emotionalität oder Sensationsgier gibt es eigentlich keine. Diese Leidenschaft des Tieres ist verschwunden, und die Freuden des Intellekts haben das Gesicht neu geformt. Das Gesicht ist zum Spiegel einer erhabenen Seele geworden. Auf keinem Gesichtsausdruck sieht man Ernst, auf keiner Heiterkeit.

„Da ich keine Traurigkeit sah, sagte ich: ‚Wo sind die Freunde der vier, die umgekommen sind?'

"Ach! Unter ihrem System kann niemand Vater oder Mutter, Schwester oder Bruder, Sohn oder Tochter kennen. Alle sind Kinder des Staates. Im Erfolg eines jeden kann nur eine gemeinsame Freude liegen; im Scheitern, aber ein gemeinsames Leid."

Was für ein Unsinn, von einer solchen Gesellschaft zu reden! Menschen, die ihre eigenen Kinder vergessen? Aber Herbert Spencer erzählt uns von einem Volk, in dem die Männer mehr Zuneigung zu den Kindern ihrer Schwestern hatten als zu denen ihrer eigenen Frauen! Vielleicht hat Herbert sich geirrt, denn das erscheint unnatürlich. Vielleicht hatte Herbert recht, denn was wir „natürlich" nennen, ist in Wirklichkeit nichts weiter als eine Sitte. Allerdings gab es in diesem Fall „vielleicht" „Gründe" – Erfahrung.

Leo fährt fort:—

„Auch die Kleidung dieser Leute war ‚unbeschreiblich wunderschön'. Versammeln Sie alle Könige, alle Adligen, alle Päpste und Kardinäle, mit allen höfischen Günstlingen und allen Rajahs und Räuberhäuptlingen ganz Indiens und allen Lakaien, Gecken und Narren aller Hauptstädte, Groß und

Klein klein, aus der prätentiösen Oberwelt, und stellt sie zum Vergleich in Reihen auf, denen sie gegenüberstehen, und sie aus der Oberwelt würden nur eine bemitleidenswerte Show oder bestenfalls eine amüsante Burleske sein.

„Seiden und prächtige Stoffe, nicht laut und fröhlich, sondern reichhaltig und selten; Juwelen, die im Glanz der Natur glänzten, aber so bescheiden getragen wurden, dass sie wie Gebrauchsgegenstände wirkten, waren in enormer Fülle vorhanden. Für Juwelen, persönliche Schmuckstücke, Verzierungen oder Verzierungen von Kleidungsstücken war Gold zu häufig, billig und vulgär. In Kutschen, in Möbeln, in Statuen, in architektonischen Verzierungen wurde es tonnenweise – ja, schnurgebunden verwendet. Ihr Götter, wenn die Amerikaner das wüssten!

„Hier hat der Aberglaube nicht verdorben, das Monopol wurde nicht umgeleitet, der Despotismus hat nicht geraubt, der Krieg hat nicht verschwendet, das Laster ist nicht verdorrt, der Reichtum ist mit der Zeit gewachsen.“

„Da unsere gesamte Gruppe in sehr bescheidener europäischer Kleidung gekleidet war, müssen wir auf die Menschen eher unhöflich gewirkt haben, aber das Fehlen offensichtlicher Neugier oder Wissbegierde war überraschend.“

Die Notizen gehen weiter:

„Diese Leute müssen Experten in der Elektrotechnik sein, denn die Luft war voller ‚Floater‘ oder Flugmaschinen, in denen jeweils eine oder mehrere Personen Platz fanden. Sie waren so dicht wie Amseln in einem Maisfeld in Missouri.“

Ihm fiel auf, dass in der Menschenmenge keine Kinder auftraten, doch schon bald bildete sich durch die zurückweichende Menge ein offener Raum, als mehrere tausend „Jugendliche“ beiderlei Geschlechts und aller zarten Altersgruppen angeführt den Kai entlang marschierten von ein paar bescheiden aussehenden Superintendenten. Als sie anhielten, hoben die Leute ihre Hüte zum Gruß, als die Kinder, scheinbar alle einig, anerkennend ein Knie beugten.

Die Notizen, Beobachtungen und laufenden Kommentare des beobachtenden Leo verdienen eine vollständige Lektüre und sogar eine Aufbewahrung, aber da ich mich einem klaren Ziel nähere, scheint die Kürze eine Notwendigkeit zu sein.

Der Empfang der Partei durch den Stadtrat und einen gemeinsamen Ausschuss des großen Colleges, dessen Leiter Leo erfuhr, war Amoora

Oseba, und als der Zeremonienmeister als Zeichen mit der Hand winkte, herrschte Einstimmigkeit Ruf: „Willkommen zu Hause, Oseba! Willkommen zurück in Eurania!"

Dies war die einzige lautstarke Demonstration. „Jedes Gesicht", sagt der Chronist, „sah respektvoll, dankbar, zufrieden und glücklich aus, aber es gab keine Feuerwerkskörper oder Mundgeruch."

Ist das nicht wunderbar? Denken Sie an solch ein Volk! Denken Sie an einen Anlass ähnlichen Charakters in London, New York – ach, ihr Götter! – in Paris oder Berlin! Ich frage mich, ob dieser Kerl es nicht ziemlich dick aufgetragen hat?

Aber hör zu:-

„Wir wurden zu unseren Kutschen begleitet, einhundert prächtigen Elektromotoren, buchstäblich aus Gold und Elfenbein gefertigt und mit scheinbar kostbaren Steinen geschmückt, die sich aber tatsächlich als gewöhnlich erwiesen. Wir wurden zum Tempel gefahren – und was für ein Tempel! Der Palace of Westminster, der Vatikan oder das Washington Capitol wären ‚nirgendwo'."

Aber ich muss es „auf den Punkt bringen". Er erzählt uns, dass die Zeremonie im Tempel „großartig, aber kurz" war; dass der Empfang von Amoora Oseba aufrichtig war und dass die Protokolle des Treffens vor über fünf Jahren, bei dem er für die gefährliche Reise beauftragt wurde, verlesen wurden.

Es wurden „Resolutionen zum Bedauern" über den Verlust von Parteimitgliedern verabschiedet und eine Versammlung einberufen, bei der Amora Oseba seinen Bericht einem Sonderausschuss und über diesen Ausschuss den Menschen in Eurania und Cavitorus vorlegen sollte.

In den Notizen heißt es, dass der Vorsitzende am Ende der Ankündigung den Auftrag verlas, unter dem Oseba gehandelt hatte, und über die Erfüllung seiner autorisierten Pflicht Bericht erstatten sollte. Es lautete wie folgt:

„Stadt Eurania, Cavitorus
", Jahr 20993, PC

„An die geliebte Amora Oseba, Leiterin der National Academy of Science.

„Wir, die Vertreter des Staates, im Namen aller Shadowas, glauben, dass die Zeit naht, in der wir gemäß unseren Traditionen mit unseren Brüdern der Außenwelt wiedervereinigt werden sollen, und erkennen die Notwendigkeit an, eine umfassendere Welt zu entdecken Feld für die Ausbreitung unserer Rasse, ermächtigen Sie hiermit, mit der Entdeckung jedes Landes fortzufahren, den Zustand jedes Volkes auf dieser oder einer anderen Welt zu studieren, Weisheitslehren zu lernen, die uns besser regieren oder „ausspionieren" können ' ein Land, in das wir, wenn möglich, eine Kolonie unserer überschüssigen Bevölkerung schicken und nach Ihrem Ermessen Bericht erstatten möchten. Die Zeit, die notwendigen Mittel, die Mitarbeiter und alle anderen Angelegenheiten im Zusammenhang mit diesem einzigartigen Unternehmen werden vom Staat nach Ihrem Ermessen gewährt, und mögen die Götter Ihr Unternehmen begünstigen und Sie mit verbesserter Gesundheit und erweitertem Wissen zu uns zurückschicken und Hoffnungen, die die Shadowas in ihren zukünftigen Kämpfen für sozialen Fortschritt leiten könnten.

„Unterzeichnet von hundert Mitgliedern des Nationalkomitees."

Mein Wort! Ziemlich gutes Billet hatte dieser Amora Oseba. Kein Wunder, dass Leo Bergin von dem Kerl fasziniert war. Aber diese Reise über das „Oval", wie er es nennt – entschuldigen Sie –, lässt mich zittern.

Nun, den Notizen zufolge dauert es noch eine Woche, bis dieses Treffen stattfindet, eine Woche, die man wegwerfen und warten kann. Seltsam, es scheint fast so, als wäre ich dort gewesen. Mal sehen, ob sich in seinen Notizen etwas findet, um die Zeit zu überbrücken.

Mount Cook, Mueller Valley.

Ja, hier erzählt er, was für ein aufregendes Abenteuer er erlebte, als er mit einem elektrischen Luftmotor über die fünfzigstöckigen Häuser „flog"; dass die Gebäude aus unzerstörbarem Material bestehen; wie ihr Stahl nicht rostet; wie leicht ihre Maschinen; wie schön die Mädchen. Ah ja! Und dann sagt er: „Es wäre vielleicht schön, nicht Papa fragen zu müssen, denn hier hat kein Mädchen einen Vater, einen großen Bruder oder eine hübsche Schwester – was vielleicht praktisch ist." Doch vom Luxus einer Schwiegermutter sind die Shadowas für immer abgeschnitten.

„Die Freiheit der Vereinigung zwischen den Geschlechtern", sagt er, „ist überraschend, aber die soziale Würde und der Anstand sind noch überraschender." Das Land, in dem jeder Zentimeter kultiviert wird, ist wunderschön und der Anblick der Natur, besonders in der Nacht, mit dem Mond, der über den gegenüberliegenden Rand der Erde streicht, der Sonne, die über den Horizont streicht, und der Reflexion von Licht aus unbekannten Quellen , das wunderbare Spiel elektrischer Phänomene, ist zu beeindruckend, als dass man es beschreiben könnte.

„Gold ist bei uns reichlicher als Eisen, und Platin ist reichlicher als Silber." und er erklärt die große Menge dieser Schwermetalle auf wissenschaftlichen Theorien. „Bei Diamanten und anderen Edelsteinen ist es nur eine Frage des ‚Schleifens'; aber die ‚Brillanten' sind aufgrund der Eigenheiten des Lichts schöner als bei uns."

Was für Märchen! Und doch „wissen" wir es nicht. Die Natur erzählt einige seltsame Geschichten. Ja, und das tun die Leute auch. In den Aufzeichnungen jedes Tages steckt etwas Amüsantes oder Interessantes , aber lassen Sie die Woche verstreichen, denn wir wollen den Bericht hören – wir wollen hören, was Amora Oseba über die Menschen der „oberen Schicht" denkt.

"Oh! Der Beschenkte würde uns etwas Macht geben,
um uns selbst so zu sehen, wie andere uns sehen. Es wäre für Geld ein Fehler, uns zu befreien.

Möglicherweise.

Hier kommen wir zu diesem großartigen Treffen. Kommen wir noch einmal zum aktuellen Stand und den Notizen von Leo Bergin.

Er sagt:-

„Eurania, Cavitorus
", 5. Oktober.

„'Morgen', ja.

„'Morgen und morgen und morgen
schleicht sich in diesem kleinen Tempo von Tag zu Tag, bis zur letzten
Silbe der aufgezeichneten Zeit, und alle unsere Gestern haben den Narren
den Weg zum staubigen Tod erleuchtet.'

"Morgen! Die große Veranstaltung wird eröffnet. Wie wie ein Traum kommt
mir das alles vor. Aber,

„Träume haben in ihrer Entwicklung Atem
und Tränen und Qualen und den Hauch von Freude. Sie hinterlassen eine
Last auf unseren wachen Gedanken, sie nehmen eine Last von unseren
wachen Mühen ... Sie sprechen wie Symbole der Zukunft. '

„Ah, diese verträumte Träumerei! Es bringt die verschwundenen Jahre
zurück, z

„Heute ist es erst ein Jahr her,
daran kann ich mich noch gut erinnern."

als ich mit dieser Aufzeichnung begann, auf See, an Bord der SS *Irene* . Ich
frage mich, ob Sir Marmaduke jemals an mich denkt. Wenn ja, denkt er, dass
ich – nun ja, das spielt jetzt keine große Rolle mehr. Aber er war ein guter
Kerl, und ich werde ihn nie vergessen."

Nett von dir, Leo Bergin. Bei Gott! Dieser Kerl hat ein Herz und auch einen
Kopf, denn er hat selten viel Unrecht. Er fährt fort:-

„Ja, er war eine großzügige alte Seele. Reich, gutmütig und nachlässig, aber
gerecht. Er hat alles gelesen, aber – nun ja, wenn ich so viel gelesen hätte wie
er, hätte ich vielleicht genauso wenig gedacht und gewusst."

Leo Bergin, ich schwöre, es wäre mir lieber gewesen, wenn du mich
vergessen hättest. Das ist eine schöne Art, über einen abwesenden Freund
zu sprechen. Es herrscht offenbar eine gewisse Coolness zwischen uns. Ja,
ein cooler Gürtel, also werde ich meine Beherrschung bewahren.

Mach weiter, Leo:——

„Ich habe heute eine Nachricht von Venesta erhalten, und ich weiß nicht,
ob sie mir mehr Freude oder Traurigkeit bereitet. Denken Sie daran, ein
Mädchen zu umwerben, das nie einen Vater oder eine Mutter, keine
Schwester oder keinen Bruder hatte! Tochter des Staates! Heirate die Tochter
des Staates! Ihr Götter, was für eine Schwiegermutter!

„Ich habe den Tag vertröstet, und wie kann ich das wieder gutmachen, außer
durch ein Geständnis und die Formulierung neuer Vorsätze? Also,

„„Ich entschließe mich! Ja, ich entschließe mich!
Und dann setze ich mich hin und sehe zu, wie dieser Entschluss stirbt.
Aber „Morgen" –'

„Eurania, Cavitorus
", 6. Oktober.

„Wie mild die Luft! Wie großartig fegt die alte Sonne über den Rand dieser großen Welt! Für eine solche Szene würde New York eine „Million" geben, und jedes Auge würde sich verdunkeln, wenn es das Gesicht des brennenden Rades betrachtete, und jeder Hals würde schmerzen, und jede Seele würde vor Ehrfurcht schaudern. Aber möchten die Shadowas nicht alle vierundzwanzig Stunden den alten Sol über ihren Köpfen vorbeiziehen sehen und ihnen dreihundertfünfundsechzig Tage im Jahr geben, anstatt ihn hüfthoch um ihre Köpfe herumwirbeln zu lassen und einen zu geben? Nacht sieben Monate lang und nur einhundertsechzig Tage unterschiedlicher Länge? Aber es kommt darauf an, dass man sich an die Dinge gewöhnt.

„Nun, ich muss zur Besprechung. Ich bin auf das Podium eingeladen, und ich werde heute Abend viel zu berichten haben, denn der heutige Tag dauert neunzehn Stunden. Oh, wie seltsam!

„Später, Abend.

„Wie viel Uhr ist es? Ich weiß nicht. Ich weiß, dass es neunzehn Stunden, nachdem die alte Sonne zum ersten Mal um den Lena-Berg gewandert war, war, als sie sich endlich zurückzog, und wie kann ein „neuer Kumpel" den Überblick behalten, wie er auf so unregelmäßigen Strecken läuft? Um es noch verwirrender zu machen: Dies ist dieselbe alte Sonne, nach der meine Augen gesucht haben, siehe da! diese dreißig verschwendeten Jahre. Wer hätte gedacht, dass der besonnene alte Wächter jemals solche Streiche spielen könnte? Dann auch auf derselben kleinen alten Welt! Wache ich auf? Bin ich bei Verstand, oder ist das nur ein abscheuliches Delirium?

„Ich bin mir sicher, dass alles unwirklich ist, dass ich der Spaß eines scherzhaften Schicksals bin – aber ich werde meine Rolle spielen; Wenn die Vision dann kein Hohn ist, werde ich nicht allzu viel Zeit verschwendet haben.

„Was für ein ereignisreicher Tag! Und doch ist jede Stunde, seitdem es so ist oder auch nur so zu sein scheint, mit verwirrenden Vorfällen überfüllt – allerdings nur verwirrend für mich, weil die Eile, die Verwirrung, die Hektik, der Lärm und die Heiterkeit, die man hier sieht, so unähnlich sind solche Anlässe auf der Oberschicht! Wie anders als ein Pferderennen in England, ein Wahltag in Frankreich oder ein 4. Juli in Amerika!

„Was für ein glückliches, ordentliches, gutaussehendes und liebenswürdiges
Volk das sind. Sogar ihre Gottheiten sind liebenswürdig. Ihre Tempel der
Anbetung atmen nicht nur Hoffnung für die Zukunft, sondern auch
Wertschätzung für die Segnungen der Gegenwart. Bei ihnen ist es nachher
keine Krone des Ruhms, sondern eine lebendige Freude. Ohne den Kummer
Gautamas wären die Götter dieser Unterwelt genauso liebevoll und
liebenswürdig. Aber warum sollten die Gottheiten nicht liebenswürdig sein?

„'Gott hat den Menschen geschaffen', sagt der Prediger,
'aus einer Handvoll Staub, durch einen Hauch von Atem." Nein', sagen die
Weisen, 'der Mensch hat Gott aus dem Nichts erschaffen, durch
schöpferisches Nicken; Orgel für Orgel Und Glied für Glied schuf er ihn
nach dem Bilde des Menschen.

„Diese Leute haben offensichtlich ihre Götter gemacht, denn sie geben es
zu. Ich frage mich, ob wir es geschafft haben?“

Vorsicht Löwe!

„Was für eine wundervolle Stadt ist Eurania! Was für ein wunderbares Land
ist Cavitorus! Was für ein wunderbares Volk sind die Shadowas!

„Aber dieses Treffen! Die ruhige Würde dieser vierhundert Staatsräte war
erstaunlich. Was für ein wunderbares, leidenschaftsloses Interesse zeigen die
enormen Menschenmengen, die den Hauptteil und die Galerien des Tempels
bevölkern.

„Stolzer Oseba! Nun, darf ich dich „Meister“ nennen? Oh! Ich wünschte,
der dankbare Sir Marmaduke wäre hier.“

Ja, Leo, ich wäre gerne bei dir gewesen, aber vielleicht hätte das bedeutet,
dass ich jetzt bei dir sein würde, raus aus der Kälte, armer Kerl!

Aber hier reiht der Kerl es aneinander, als ob auch unsere Tage neunzehn
Stunden und unser Leben tausend Jahre lang wären. Er hält uns auf einem
so hohen Niveau, dass wir uns fragen, was das für ihn bedeutet. Ich werde
„blauen Stift“ verwenden. Denn der einst ungeduldige Leo Bergin hat,
fürchte ich, die Bräuche dieser Oberwelt vergessen und dass jedes Ohr auf
den Volksansturm eingestellt ist.

Wenn Sie etwas Gutes zu sagen haben,
bewegen Sie sich! Wenn Sie möchten, dass wir Ihren Weg gehen, bewegen
Sie sich!

„Vertrauen Sie mir! Leos „geliehene Zeilen“ inspirieren mich mit einer
poetischen Ader. Aber Leo wird so langweilig wie eine australische Dürre,
eine „Regenperiode“ an der Westküste oder eine Debatte über einen
„Misstrauensantrag“, deshalb werde ich hier meinen kritischen Bleistift

durch viele Zeilen ziehen. Leo Bergin ist die Klarheit selbst, und aus seiner Sprache fließt dem intelligenten Gehirn eine wahre Vorstellung der Situation zu; aber der Kürze halber – vielleicht aus Eitelkeit – werde ich es in meiner eigenen Sprache zusammenfassen.

Nun, zur festgesetzten Zeit und am festgesetzten Ort versammelten sich die Menschen. Die vierhundert Mitglieder des Staatsrates besetzten bevorzugte Plätze vor dem Podium, während viele tausend Bürger die Stände und großzügigen Galerien füllten. Es war eine beeindruckende Szene. Die Versammlung rief einmal zur Ordnung auf: „Musik, wie man sie außerhalb Euraniens oder des Himmels nie hörte, dröhnte ins Ohr."

Das ist Leos, aber ich werde mich prosylicher und kürzer fassen.

Als die letzten Klänge der Musik verklungen waren und der Applaus verstummt war, erhob sich der Vorsitzende, und nachdem er einen kurzen, aber umfassenden Überblick über die nationalen Traditionen, die Entdeckungen und Ereignisse gegeben hatte, die zu diesen beispiellosen Abenteuern führten, las er den nachstehenden Auftrag noch einmal vor in dem Amora Oseba spielte, und beeindruckte das Publikum von der Bedeutung des Berichts aus den Lippen von Euranias begabtestem Sohn und unerschrockenstem Entdecker der Welt.

Der Vorsitzende sagte bei der Eröffnung des Verfahrens, dass den vagen Traditionen, die im Laufe der Jahrhunderte kursierten, zwar wenig Beachtung geschenkt worden sei, die Shadowas jedoch immer das Gefühl gehabt hätten, dass sie sich in einer äußerst eigenartigen Situation befänden, und dass die Wissenschaft dies tun würde einige Zeit, um das Rätsel zu lösen, das über ihnen zu schweben schien.

Er sagte, seit Beginn der Zivilisation gebe es ein „absolutes Wissen", dass sie sich auf der inneren Oberfläche eines hohlen Planeten befanden, und es gab einen vagen Glauben, dass es ähnliche Wesen auf der äußeren Oberfläche gab.

Er erklärte, dass durch den Unternehmungsgeist des Staatsrates und die Unerschrockenheit von Amoora Oseba und seinen tapferen Kameraden diese Frage, die bedeutsamste in der langen Geschichte von Cavitorus, so hoffte man, gelöst worden sei, und sie hatten sich dazu getroffen Hören Sie einen Bericht über dieses höchst interessante Thema.

Er sagte, das Komitee habe den von der zurückgekehrten Gruppe mitgebrachten Büchern, Karten, Diagrammen und Globen größte Aufmerksamkeit geschenkt und sie mit der großzügigen Unterstützung von

Oseba selbst und Leo Bergin, einem Eingeborenen der Oberwelt, ausgestattet Wenn man sich mit der Geographie, der Geschichte, den Bräuchen und Sitten der verschiedenen Nationen der Oberwelt einigermaßen vertraut gemacht hätte, wäre es mit Hilfe der darzulegenden Ansichten leicht möglich, ein angemessenes Verständnis zu erreichen. Auch damals, da die Presse großzügig und unternehmungslustig gewesen war, glaubte er, dass die Leute durchaus auf eine intelligente Würdigung der Rede des begabten Reisenden vorbereitet waren. "Herr. „Oseba, der Vater der neuen Philosophie", sagte er, „wird jetzt zu uns wie zu seinen Kindern sprechen."

Da das Volk jedoch darum gebeten hatte, dass die Dichterin Vauline gelegentlich um Erklärungen bitten dürfe, wurde dies vorgesehen.

Hier heißt es in der Akte – ich habe zwanzig Seiten voller entzückender „Toffee" herausgekocht –, dass der Vorsitzende Amora Oseba als „die unerschrockenste Entdeckerin, die die Welt je gekannt hat" vorstellte und gleichzeitig Leo Bergin und die anderen Mitglieder der Gruppe einlud zurückgekehrte Partei auf die Plattform.

Über diese Episode der Zeremonie sagt der bescheidene Leo Bergin: „Es war mir peinlich."

Zuvor war am Ende der Halle eine schöne Leinwand von etwa sechzig Fuß im Quadrat aufgestellt worden, und mit Hilfe von Dienern wurde ein großes Instrument richtig eingestellt, von dem aus bewegliche Ansichten der Erdoberfläche geworfen werden konnten. Mit einer viel zu kurzen Erklärung, wie Leo selbst meint, wurde das erste Bild an die Wand geworfen. Es war unser Planet, dargestellt durch eine Kugel mit einem Durchmesser von zwölf Fuß, die sich langsam um ihre eigene Achse drehte. Nach Symmes' Theorie handelte es sich um ein echtes Modell unseres Globus. Der Winkel zur Achse betrug 23°, die Nordöffnung war deutlich sichtbar und Cavitorus war leicht zu lokalisieren.

Uns wurde gesagt, dass dies selbst für das Komitee völlig neu war; Aber die Mechanik Euranias ist so geschickt, dass aus einem kleinen Modell oder Instrument, das von der Gruppe übernommen wurde, dieses wunderbare Stück komplizierter Mechanik perfektioniert wurde.

Was für eine Offenbarung muss das gewesen sein, die so unerwartet vor den erstaunten Blicken dieser seltsamen Menschen hervorbrach!

Aber da in der magischen Hand des „geliebten und verlorenen" Leo Bergin sowohl Feder als auch Pinsel vorhanden sind, berufe ich mich hier auf sein Genie, denn meine Feder schwankt.

Er sagt:-

„Während die riesige Versammlung in fast atemloser Ehrfurcht zusah, sagte der Meister: ‚Das ist Oliffa, unser eigener Planet, wie er mit 68.000 Meilen pro Stunde durch den Weltraum geschleudert wird, wobei sich diese kurzen zwölf Meter auf 8.000 Meilen ausdehnen.‘

Die Drop-Szene, Wanganui River.

„Ich blickte in die Gesichter der intellektuellsten, am wenigsten emotionalen und aufmerksamsten Menschen, die ich je gesehen habe, und doch konnte kein Stift, kein Pinsel, keine Vorstellungskraft diese Szene wiedergeben. Angesichts der Intelligenz und des emotionslosen Charakters dieses großen Publikums war die Überraschung wirklich alarmierend. Ausnahmsweise verhielten sich diese Leute fast wie wir Idioten der ‚Oberschicht‘.“

Humph! es bringt mich zum Kribbeln.

„Die Sitzung wurde vertagt.“

Ich bin froh darüber, denn es lässt mich zittern. Aber angesichts der kühlen Intellektualität der Shadowas scheint es mir, dass Leo Bergin ziemlich lange zeichnet. Mal sehen! Diese Shadowas sind ein sehr intellektuelles, sehr nachdenkliches, sehr kultiviertes und zivilisiertes Volk. Aber lassen Sie uns das begründen. Sie waren utilitaristisch; liebenswürdig wie ihre Umgebung und lernten, was für ihr Glück notwendig oder in ihrer Reichweite lag. Ja, aber neun Zehntel des Universums – der Außenwelt – waren von ihnen abgeschnitten. Sie befanden sich 21.000 Jahre lang auf einer Seite – dem

Inneren – einer großen Röhre. Praktisch hinter ihnen hob sich die Welt abrupt; Vor ihnen konnten sie nur über den Rand der Schüssel hinaussehen, deren Boden sie weit unten befanden.

Das Beobachtungsfeld war eng, es gab nur wenige sichtbare Tatsachen in der Natur. An der nahen Öffnung der „Röhre" befanden sich ewiges Eis und Schnee, eine endlose Fläche gefrorener Geheimnisse; Auf der anderen Seite konnte man manchmal viele seltsame Sternhaufen sehen, aber normalerweise nur Wolken und Stürme, Wüste und Berge und gefährliche Strudel.

Sie hatten keine Teleskope; Ihr Standpunkt war zu eng für das Studium der Astronomie, und da alle Gedanken, alle Ideen, alle Vorstellungen aller natürlichen Objekte aus Beobachtung – aus sinnlichen Eindrücken – gebildet werden müssen, wie könnten sie auch nur annähernd richtige Schlussfolgerungen über die Außenwelt ziehen? ? Intellektualität bedeutet nicht immer, wenn überhaupt, universelles oder sogar sehr großes Wissen.

Nun ja, vielleicht hat Leo es sogar milde gemeint. Vielleicht würde eine so seltsame Vision, ein Blick auf eine bekannte Sache aus einem so überraschend unerwarteten Blickwinkel, auch zu einer Zeit, als die öffentliche Vorstellungskraft auf Hochtouren stand, ein so seltsames Phänomen darstellen, den feinen, aber beeindruckenden Geist stärker beeinflussen als es wäre, desto weniger nachdenklich. Vielleicht, sage ich, hat Leo Recht, aber es kommt mir etwas hochtrabend vor.

Aber zurück zu Leos Notizen. Er sagt:-

„Nach dem Mittagessen" – das kommt mir bekannt vor – „fing die Versammlung wieder an, und die Leute schienen in ihrem normalen Zustand zu sein, nachdem sie ausführlich und frei über die Angelegenheit gesprochen hatten.

„Oseba drehte langsam den Globus, erklärte die Natur der Erde und der Sonne, warum die Tage ‚so' waren; dann die „äußeren" Bedingungen und warum es nicht immer ewiger Frost war, wie sie es sich vorgestellt hatten. Er zeigte die Karte von Land und Wasser, wie es außerhalb unseres Planeten oder Oliffa 1.400.000.000 Menschen gab – einige von ihnen sehr anständige Kerle – und wies darauf hin, wie enorm wichtig es ist, mit ihnen zu kommunizieren.

„Dann zeigte er einen Globus mit Kontinenten, Inseln, Meeren, Flüssen und den geografischen Aufteilungen des Landes, wie sie von Nationen, Reichen, Staaten und Gemeinschaften beansprucht wurden, und machte passende Bemerkungen, damit seinen Eindrücken nichts an Klarheit fehlte.

„Er erklärte, dass die verschiedenen Blöcke und Flecken, die durch farbige Linien unterschieden werden, die ‚Besitztümer' und Ansprüche verschiedener Rassen, Nationen oder politischer Gemeinschaften markieren. Er beschrieb hier die enorme Verschwendung von Wasser, Bergen und unbewohnbarem Land und wie wenig wirklich begehrenswertes Land es auf der Außenfläche von Oliffa gab. Dennoch erzählte er seinem Publikum, dass die Outeroos nicht in Frieden zusammenlebten, sondern das Land entsprechend ihrer Macht aufteilten und isoliert in halbfeindlichen Gemeinschaften lebten. „Das", sagte er, „sind die Länder, die Länder und die Völker, die ich „entdeckt" habe."

„Aber, sagte er, während die Natur und Notwendigkeit, die Hoffnungen, Bestrebungen und Wünsche aller Menschen weitgehend gleich seien, gebe es auf der Außenfläche von Oliffa eine solche Vielfalt an Bräuchen und Manieren, die zur Verwirklichung der Wünsche angenommen würden Schließlich kam er zu dem Schluss, dass das Ziel seiner Mission nur durch einen Besuch und ein Studium aller Länder erreicht werden könne, und so waren er und seine Gefährten fünf Jahre lang umhergewandert, hatten Beobachtungen gemacht und sich Notizen gemacht, und nun geschah dies nur noch durch Rückblick die Situation so detailliert beschreiben, dass ein intelligentes Verständnis vermittelt werden könnte.

„Hier zeigte er auf den Karten die Orte der verschiedenen Länder auf, beschrieb kurz das Klima, den Boden und den Regierungsstil im Allgemeinen und sagte, er werde nun die Vorzüge der verschiedenen Länder und Völker etwas ausführlicher besprechen – mit seinen eigenen." Schlussfolgerungen aus der Untersuchung – denn seine Entdeckungen waren wichtig und zahlreich.

„Er erinnerte sein Publikum an den Hauptzweck. Seine Mission bestand darin, von der Außenwelt Wissen zu gewinnen, das ihnen bei der besseren Verwaltung ihrer inneren Angelegenheiten helfen könnte; wenn möglich, ein Land zu entdecken, in das sie eine Kolonie der überschüssigen Bevölkerung schicken könnten, und ein Volk zu finden, mit dem sie Verbindungen aufnehmen könnten, damit sie Mitarbeiter zum gegenseitigen Glück der neueren und älteren Einwohner werden könnten der Welt.

„Oseba", heißt es in der Aufzeichnung, „ordnete seine Instrumente neu und sagte, dass er uns je nach Anlass den Globus als Ganzes oder eine Teilkarte zeigen würde." Er würde seinen Rückblick mit einem Land beginnen, dem wahrscheinlich ältesten besiedelten und sicherlich bevölkerungsreichsten Land auf der Außenfläche von Oliffa – dem des Chinesischen Reiches."

An dieser Stelle möchte ich anmerken, dass ich die Notizen des armen Leo Bergin sorgfältig studiert habe. Sie sind vollständig, sorgfältig überarbeitet und zeigen ein meisterhaftes Verständnis der Situation, aber sie sind zu umfangreich, um auch nur ausführlich zitiert zu werden. Auf vielen sorgfältig und gut geschriebenen Seiten berichten die Notizen über Osebas Reden, ohne Unterbrechung oder Kommentar. Der Kürze halber werde ich mich Osebas Geschichte zu eigen machen und, abgesehen von ein paar pointierten Zitaten, in der Rezension der nächsten Szene meine eigene Sprache verwenden. Ich bin mir darüber im Klaren, dass durch diese Methode die Geschichte beeinträchtigt wird, die Sprache weniger malerisch und ausdrucksstark und wahrscheinlich auch weniger korrekt sein wird, aber es wird Platz sparen und, was mir wichtig ist, „Sparsamkeit" im Aufwand intellektuelle Kraft. Das ist eine Überlegung wert!

Der fantasievolle Löwe schien in die wechselnden Szenen der einzigartigen Situation vertieft zu sein. Während einer Verfahrenspause stellt er fest:

„Wie ein Traum! Oh meine Seele, wie ich hoffe!"

Doch als er wahrscheinlich erneut mit diesem „Wenn" konfrontiert wird, scheint er den Kopf hängen zu lassen, innezuhalten und nachzudenken, denn er schreibt:

„Hoffnungen entwickeln sich wie Freuden und vielversprechende Kinder zu Bedauern oder verkümmern und sterben."

SZENE IV.

ERSTE „ENTDECKUNG".

AH SIN UND LU abschätzen.

DER Weise Oseba China auf dem Globus lokalisiert hatte, warf er eine Ansicht der Karte des Imperiums an die Wand. Er erklärte, dass dieses Land 4.000.000 Quadratmeilen der Oberfläche von Oliffa „umfasste" und etwa 400.000.000 „Seelen" oder fast ein Drittel aller Outeroos beherbergte. Aber dazu gehören auch die Mandarinen, die eigentlich keine „Seelen" haben sollen.

In amüsanter Rede ließ er die Geschichte, die sozialen, politischen und industriellen Verhältnisse dieses „eigentümlichen" Volkes Revue passieren.

In China lernte Oseba zum ersten Mal die Aggressivität, die Anmaßung und die wahre Macht der europäischen oder abendländischen Nationen kennen. Als Rasse waren diese „fremden Teufel" von größerer Statur, kräftigeren Gliedmaßen und hellerem Teint und hatten eine bessere Meinung von sich selbst als die Orientalen. Einbildung ist in all diesen mächtigen Spielen ein wichtiger Faktor.

Die Geistlichen oder Missionare gehörten zu seinen ersten Bekannten von jenseits der Meere.

Ein schelmischer Konsularbeamter, der offenbar einen Groll zu haben schien, pflegte zu singen:

„Sie kamen in Schwärmen,
um die Seelen von Hop, Lee, Sing und Wu zu retten. Sie sammelten Ausrüstung, sowohl aus der Ferne als auch aus der Nähe, wie Sie oder ich es tun würden."

Diese „feierlichen Männer", wie Oseba sie nannte und sich für die Abweichung entschuldigte, kamen als erste ihrer Landsleute, nicht aus „schmutzigem Profit", sondern um „alle Söhne des Konfuzius zu retten und sie in den Himmel zu bringen, wo sie gemeinsam leben." könnte singen und für immer und für immer und ewig singen und gesellig sein." „Das", sagte Oseba, „schien nett von ihnen", aber er erfuhr bald, dass die Nationen, die diese Agenten schickten, um die soziale Situation für „das süße Ende" vorzubereiten, für Hop „nicht zu Hause" waren , Lee, Sing oder Wu, während ihres kurzen Aufenthalts auf der Oberfläche von Oliffa.

„Wir lieben dich", sagten die vornehmen Vertreter hunderter streitender Glaubensrichtungen, „gehe mit uns in ein Land, das besser ist als der Tag."

„Na gut", sagen Hop, Lee, Sing und Wu, „wir werden wahrscheinlich ‚Melica' wählen."

„Nein, nein!" sagt der gute Hirte: „Danach, in der süßen Vergänglichkeit. „Wir sprechen von einer besseren Welt – Geduld, Sanftmut und Liebe."

„Warum", fragte die Dichterin Vauline, „sind die anderen Outeroos nicht zu Lebzeiten bei den Chinesen ‚zu Hause'?"

Mit einem Lächeln sagte Oseba: „Die Chinesen, meine Kinder, sind sehr fleißig und sparsam."

„Sind sie eine minderwertige Rasse?" fragte die Dichterin Vauline.

„Sie sind ‚anders'", sagte Oseba, „aber jede Rasse, jedes Volk, jede Nation, jeder Stamm oder jedes Glaubensbekenntnis auf Oliffa hält sich für ‚überlegen' gegenüber allen anderen." Eitelkeit fehlt – bei wenigen Outeroos."

Er ging ausführlich auf die politische, soziale und industrielle Situation Chinas ein und sagte:

„Die ganze Außenwelt könnte aus China Lehren aus der Patientenindustrie ziehen, aber für uns gibt es in China nichts."

Nach einem kurzen Überblick über die soziale und politische Situation jedes einzelnen Landes lehnte er alle Länder Kontinentalasiens ab, sagte jedoch, Hongkong und Singapur, zwei der modernen Weltwunder, hätten viel dazu beigetragen, die Welt auf die verborgenen Schätze dieser tatarischen Länder aufmerksam zu machen Regionen.

Er machte auf seine Entdeckung Japans aufmerksam, wie es auf der Karte mit Asien erschien, und nachdem er diese entfernt hatte, warf er den Globus auf die Leinwand. Er schwelgte geradezu in Verzückung über die Schönheit des Landes, das er nun erkunden sollte. Von den Japanern, nach deren Zustand er sich zunächst erkundigen würde, sagte er, sie hätten eine alte Geschichte. Sie waren viele Jahrhunderte lang isoliert gewesen. Sie träumten in ihrer engen Welt, spielten in ihren kleinen Hinterhöfen, beteten ihren Monarchen an und waren glücklich gewesen; Doch vor kurzem erwachten sie, berührt vom Zauberstab der modernen Zivilisation, und nachdem sie einen kurzen Zauber auf sich ausgeübt hatten, „gürteten sie ihre Lenden" – schnallten ihre Gürtel enger – und eilten, um sich in die vordersten Reihen der Armee des Fortschritts zu reihen. mit einer Begeisterung und sogar einer Weisheit, die auf diesem kleinen Globus noch nie zuvor gekannt wurde.

Cathedral Peaks, Lake Manapouri

Sobald sie von dem aufregenden Nervenkitzel des Fortschritts geweckt wurden, passten sie sich ebenso bereitwillig an die besonderen Bedingungen ihrer natürlichen Umgebung an wie Kinder an einen neuen Spielplatz. Die Berge suggerieren Freiheit, die Meere Abenteuer, und den furchtlosen Abenteurern derer, die an den zerklüfteten Ufern der Küste leben, verdanken die Outeroos alle Segnungen des modernen Fortschritts – denn die Zivilisation ist die reife Frucht des Ozeanhandels.

„Aber", sagte der Weise Oseba, „die gegenwärtigen 42.000.000 Japaner haben nur 147.000 Quadratmeilen Erde, von denen die Hälfte Abfall ist." Unter dem Wahnsinn der modernen Verhältnisse wächst die Bevölkerung rapide, und so beginnen die Bewohner bereits, sich gegenseitig zu drängen. Die Nation wird reich, während die Menschen arm werden. Das Grundstück auf Little Oliffa ist bereits abgesteckt und auffällig mit der seltsamen Aufschrift „Halten Sie sich vom Gras fern" geschmückt. Es gibt keine freie Ecke für die überschüssige Bevölkerung, meine Kinder, und die Japaner sind Landtiere."

Der Weise Oseba sagte seinem Publikum: „Viele Nationen unter den Outeroos betrachteten die ‚Japaner' als ‚minderwertige Rasse', aber wenn die Errungenschaften des Menschen das Maß der Seele und des Intellekts sind, haben die Japaner keine Vorgesetzten gegenüber der kleinen Oliffa." denn ihre jüngsten Fortschritte lassen den Glanz der authentischen Geschichte der Welt verblassen; Aber,

„Wenn der Höhepunkt des Streits eine mystische Überlieferung
hervorbringt
und kommende Ereignisse ihre Schatten vor uns werfen",

sagte der Weise, während er den unsterblichen Thomas folterte, könnte die
Brillanz der japanischen Geschichte bald schwinden, und da ihr aus
Platzmangel der einzige Weg zum Ruhm über unmoderne Kriege führt, sind
die Aussichten nicht rosig. Auch wenn diese Nation für eine lange Zeit
extravagant bleiben mag, könnte sich das Volk bald in einem geringeren
Elend winden, als es das „heidnische Japan" jemals kannte.

Sollte jedoch der kleine braune Mann dem russischen Bären die Krallen
abschneiden und ihn lahm und knurrend in sein nördliches Versteck
zurückschicken und dann China aufwecken und es durch die
Geschicklichkeit seiner wunderbaren Fähigkeiten organisieren, dann könnte
Ostasien dies tun Erinnern Sie sich an einige tausend „Beleidigungen", mit
denen ihr Volk im letzten halben Jahrhundert überhäuft wurde, und
kommen Sie zu dem Schluss, die Frage der „Überlegenheit" mit anderen als
industriellen Methoden zu prüfen.

Von den bekannten Monarchien Asiens, sagte er, seien die Menschen
unwissend und verarmt, die Beamten unverschämt und korrupt, die
Herrscher bösartig und despotisch und die Regierungen unheilbar verrottet.

Was Indien betrifft, so äußerte sich der Weise Oseba voller Mitgefühl.
„Großbritannien", sagte er, „ist das einzige Land, das in der Lage ist, eine
‚minderwertige' Rasse zu regieren." Sie hat viel dazu beigetragen, das Land
vor periodischen, wenn nicht fast ständigen Kriegen, Hungersnöten und
Verzweiflung zu retten; Aber das „Volk", das Nachkommen
jahrtausendelanger Missherrschaft und Unterdrückung, hat einen Zustand
kristallisierter Nicht-Fortschrittlichkeit erreicht und muss schließlich
aussterben, da es sich nicht an die modernen Bedingungen anpassen kann.
Seine Vergangenheit ist traurig, seine Zukunft ist hoffnungslos. Es wird noch
lange ein Land sein, in dem sich ein paar schlaue Bienen mit goldenem Honig
beladen können, damit ihre fernen Bienenstöcke gefüllt werden; aber
langsam und traurig müssen diese seltsamen braunen Menschen sterben. Sie
haben ihren Höhepunkt erreicht. Es fehlt ihnen an Eiche und Stahl, die für
die Wettbewerbe der Zukunft notwendig sind."

EUROPA, ETWAS „ENTDECKT".

Der Globus war so ausgerichtet, dass er einen perfekten Blick auf den
europäischen Kontinent bot, und in interessanter Sprache wurden die
Länder und ihre Völker beschrieben.

Unter Bezugnahme auf den Einfluss der Umwelt erläuterte der Redner die
vergleichsweise geringe Größe dieses Kontinents, die Fruchtbarkeit des

Bodens, die Vielfalt der Pflanzen- und Tierwelt, die Berge und Ebenen sowie die gegliederten Küstenlinien mit der enormen Ausdehnung des Wassers Zusammen mit seinen ausgedehnten Flusssystemen und gesunden, aber unbeständigen klimatischen Bedingungen war dies der Garten und die Kinderstube der aktivsten, robustesten, intelligentesten und emotionalsten aller Völker auf der Welt.

Kontinentaleuropa erstreckt sich über eine Fläche von 3.500.000 Quadratmeilen und beherbergt in unterschiedlichem Wohlstand und Elend etwa 380.000.000 Menschen – hauptsächlich Männer, Frauen und Geistliche – sowie 20.000.000 Männer in „Uniform", die sich ihrer eigenen Bedeutung bewusst zu sein scheinen. Letztere sind sehr einflussreiche Persönlichkeiten, da sie über sehr überzeugende Argumente verfügen.

Der Redner erklärte, dass die vielfarbigen und unregelmäßigen Flecken auf der Karte den Besitz und die Herrschaft ebenso vieler Nationen darstellten, die alle eine gute Meinung von sich selbst hätten und bereit seien, ihre Ansprüche zu unterstützen.

Diese Länder wurden von Personen regiert, die bei der Auswahl ihrer Eltern Glück hatten oder zumindest über ordnungsgemäße Geburtsurkunden verfügten.

Aber angesichts ihrer vielen Regierungen und Nationalitäten, sagte er, herrschte ständig Verwirrung. Es herrschte Angst und Unterdrückung, denn all diese imaginären Linien mussten bewacht werden. Die Armeen mussten aufrechterhalten werden; Die 5.000.000 Soldaten müssen in ständiger Schlachtbereitschaft sein, denn nur so könne das Volk hinreichend von der Gültigkeit der Geburtsurkunde überzeugt werden.

Auf die Frage der Dichterin Vauline, womit diese sogenannten Soldaten ihren Lebensunterhalt verdienten, antwortete Herr Oseba:

„Sie töten Menschen, denn so kurz das Leben der Outeroos unter den überlegenen Nationen auch ist, Massenmord ist die ehrenvollste aller Beschäftigungen."

Oseba sagte: „Alle zivilisierten Nationen behalten diese bewaffneten Männer, deren Pflicht es ist, jemanden zu töten – dem sie vielleicht nie vorgestellt wurden –, wenn ihr Herrscher einen Groll hat und keine Zeit hat, sich selbst um die Angelegenheit zu kümmern."

„Auch diese Armeen sind in diplomatischen Kontroversen einflussreich. Wenn ein Monarch ein kleines Missverständnis mit einem seiner Standesgenossen aus einer benachbarten Koppel hat, sagt er mit tiefer Stimme:

,,,Sire, das sind die Fakten, und wenn Sie es nicht glauben, Sire, schauen Sie!'
– und er zeigt auf seine bereitstehenden Bataillone.

„Für ein Volk, das nie etwas von Krieg oder Armut wusste – unter dem wahrscheinlich kein einziger Mensch sich für den Tod interessieren würde oder einen Menschen finden könnte, der ihm entgegenkommt, wenn er sollte –, schienen diese Aussagen höchst erstaunlich."

Herr Oseba schloss aus der Auffälligkeit der militärischen Zurschaustellung, dass jeder Werktätige in Europa einen Soldaten auf dem Rücken trug. Und noch schlimmer: Er musste ihn ernähren, kleiden, bezahlen und sich dann ständig seiner Unverschämtheit beugen. Aus allen Häusern und Kaminfeuern Europas wurde der kräftigste und liebste Unterstützer zum Schießtraining mitgenommen; und die Last, die der Industrie wegen auffälliger Barbarei auferlegt wurde, zerstörte ganz Europa und trieb das Volk in Revolution, Anarchie und Ruin.

„Sagen Sie uns", sagte die Dichterin Vauline, „sprechen Sie von den höheren, den christlichen oder den zivilisierten Völkern?"

„Eher", sagte der Weise, „denn nur die christlichen Nationen konnten solche heroischen Unterhaltungen genießen, und nur die überlegenen Nationen konnten sich solche heroischen Unterhaltungen leisten." Tatsächlich sind die Größe der Armee und die Reichweite der Waffe die wahren Tests für die Zivilisation und „Überlegenheit" eines Landes.

„Seltsam, meine Kinder, aber die ‚überlegenen‘ Völker, diejenigen, die Ihn verehren, der gesagt hat: ‚Du sollst nicht töten‘, haben die längsten Waffen und die stärksten Bataillone, und sie sind am bereitwilligsten, bei der geringsten Provokation zu töten."

Das Publikum, so heißt es in den Notizen, sei am meisten beeindruckt gewesen, als ihm gesagt wurde, dass diese Argumente – so heftig – von den zivilisiertesten Nationen gegeneinander gerichtet seien. Oseba fährt fort: „Die Waffen und die Militärshow tragen dazu bei, die Menschen zu unterhalten; Sie regulieren die Immobilienpreise und wahren die Würde der Manager. Sie sind praktisch der Hinweis, dass man sich vom Gras fernhalten soll. Aber tatsächlich, meine Kinder, werden sie heute eher gehalten, um die Leute, die die Rechnungen bezahlen, einzuschüchtern, als um jede äußere Gefahr abzuwehren.

„Aber es gibt einen deutlichen Unterschied zwischen dem Orientalischen und dem Okzidentalen. Der Orientale ist egoistisch – er will Frieden und ist dem Schicksal anderer gegenüber gleichgültig. Dem Orientalen ist es egal, woran ein Mann glaubt oder welchen Gott er anbetet, solange er nur das Gleiche zahlt und weiterzieht; während den überlegenen Rassen die Seele zutiefst am Herzen liegt und sie alle anderen Menschen entdecken und sie dazu bringen wollen, sich ihnen anzuschließen – nach und nach.

„Als soziale Einheiten sind die Abendländer fortschrittlicher und freier, aber weniger sicher; sie sind mitfühlender, aber weniger gerecht; mehr Interesse an anderen, aber weniger tolerant; und eher zum Handeln und weniger zur Meditation geneigt als die Orientalen.

„Während es in Kontinentaleuropa einen gewaltigen Unterschied im Ausmaß der Unterdrückung gibt, zwischen Klassenanmaßung, militärischem Despotismus, offizieller Unverschämtheit und Einmischung in Glaubensbekenntnisse, gibt es keinen Platz für einen freiheitsliebenden Menschen, außer für diejenigen, für die die Sitte die Hölle heilsam machen würde." Mann – vor allem ist es kein Ort für ein Volk mit den hohen Ambitionen der Shadowas. Aber oh, die Armut, das Elend, der demütigende Kummer! Oh, meine Kinder! Wenn der Glaube dieser prätentiösen Sterblichen keine Torheit ist, wenn es irgendwo einen allmächtigen Gott der Liebe und Gerechtigkeit gibt, wenn auf seinem Thron Heerscharen von Heiligen und Engeln knien, die die blutigen Konflikte sehen, die Tränen der Witwe sehen und … quälendes Keuchen der Not; Wer die Seufzer des überarbeiteten Sklaven hört, das Stöhnen der Armut und die Gebete, die von den weißen Lippen der Unschuld zum Himmel aufsteigen, der möge die Schattenas die Herren der Millionen Europas um Gnade anflehen, oder die flehenden Herzen des Himmels werden es tun brechen, und die Tränen der Engel werden die Welt ertränken."

Aber so wie Uphus die Türen öffnet, um den Anbruch eines neuen Tages zu begrüßen, wenden wir uns erfreulicheren Szenen zu.

SZENE V.

DIE BRITISCHEN INSELN ENTDECKT.

IN diesem Stadium des Verfahrens schien der Weise Oseba in bester Verfassung und äußerst fröhlicher Stimmung zu sein.

Er bemerkte, dass er seinem Volk nun einen kurzen Einblick in das „Land der Länder" geben sollte, eine Inselregion, direkt abseits des summenden Bienenstocks des uniformierten Europas. Hier drehte sich der Globus, bis die britischen Inseln deutlich sichtbar waren.

„Dieser", sagte Oseba, „ist von allen fruchtbaren Böden auf der Oberfläche von Oliffa der interessanteste. Dies ist unter den Outeroos-Ländern das klassische Land der Freiheit, seit mehr als dreihundert Jahren der Anker Europas. Diese felsigen Inseln mit fruchtbarem Boden, heilsamem Klima und gegliederten Küsten – glücklicherweise geografisch gelegen – sind von Natur aus am besten für die Entwicklung des idealen Menschen an jedem Ort auf der Oberfläche von Oliffa geeignet und wurden von kräftigen Menschen bevölkert Stämme, alle suggestiven Hoffnungen der Natur wurden verwirklicht."

Er erzählte seinem Volk, dass die britischen Inseln 124.000 Quadratmeilen umfassten und 40.000.000 Einwohner hätten; und dass es auf diesen wenigen Hektar mehr Muskeln und Gehirn, mehr intellektuelle Kraft, Sturheit und hochmütigen Anspruch gab als auf jedem anderen Fleck ähnlicher Größe auf der Oberfläche von Oliffa.

„Diese robusten Briten, meine Kinder, die diese historischen Inseln viele Jahrhunderte lang widerstandslos gegen alle Ankömmlinge verteidigt haben, haben mehr getan, um die Menschheit zu erheben, zu erziehen, zu emanzipieren, zu zivilisieren und zu vereinen; das Gehirn vom Aberglauben, die Gliedmaßen von Fesseln und die Welt von Knechtschaft zu befreien, als jede andere Nation oder Rasse, die jemals ihre Errungenschaften in die Geschichte der Menschheit eingeschrieben hat.

„Großbritannien, meine Kinder, hat viele Feinde besiegt, aber sein größter Ruhm waren seine Siege in den Künsten des Friedens. Sie hat das Klima, die Hungersnot, die Pest und den Götzendienst überwunden, der das Neue am verwesenden Kreuz des alten Regimes kreuzigen würde.

„Großbritannien hat Oliffa seine industriellen und kommerziellen Methoden gegeben, den Ton seiner gegenwärtigen Zivilisation, und es gibt der ganzen Rasse schnell seine einst verachtete Sprache, und darin scheint ein Zauberspruch zu liegen, der alle, die seinen Geist in sich aufnehmen, mit Brennen infiziert.“ Wunsch nach Freiheit. Die englische Sprache zu lispeln bedeutet, sich wie ein König zu fühlen.

„Lasst mich euch eine kleine Geschichte erzählen, meine Kinder, von den interessantesten, wunderbarsten – ja sogar wunderbarsten Taten der Menschen auf diesem unberechenbarsten kleinen Planeten.

„Diese britischen Inseln sind durch einen feuchten Streifen vom europäischen Kontinent getrennt und werden von gemischten Nachkommen eines Dutzend robuster und männlicher Stämme bewohnt, die alle an der nördlichen Küste leben. Alle diese männlichen Stämme, ob Eingeborene oder Eindringlinge, waren stark vom Geist der Freiheit – wie sie ihn verstanden – durchdrungen. Sie liebten den Frieden – wenn sie dafür kämpfen mussten. Sie liebten die Freiheit – den anderen auszuquetschen. Aber in der Faser dieser Menschen steckte eine erhabene Sturheit, die den Behörden oft Schwierigkeiten bereitete.

„Jeder wollte Chef sein, also würde niemand den Kragen tragen. Jeder wollte frei sein, aber die Meinung war so einhellig, dass es zwar viele Offiziere, aber keine Gefreiten gab, sodass es viele Jahrhunderte voller Auseinandersetzungen, Streitereien, Konflikte und Kriege dauerte, bis sie genügend „graue Substanz“ angesammelt hatten, um sie zu verstehen die Tatsache, dass eine zivilisierte Regierung ein Kompromiss ist; dass, wo irgendjemand unterdrückt werden kann, niemand sicher sein kann; und diese Freiheit, die am Tor der Koppel des anderen enden muss, ist das unveräußerliche Recht des Menschen.

„Aber die Briten können lernen, und sie haben dieses Problem so gut gemeistert, dass jetzt die Höchsten den Gesetzen am bereitwilligsten gehorchen und die Stärksten die Rechte der Schwachen am bereitwilligsten verteidigen." Obwohl Großbritannien mit seiner robusten Einbildung Jahrhunderte brauchte, um dies zu lernen, und obwohl es aufgrund seiner Persönlichkeit und seiner Position als Kolonisator der legitime Nachfolger Phöniziens und Griechenlands war, war es nach der Entdeckung eher zurückhaltend, was die Offensive anging Während alle anderen Nationen sich wahnsinnig an den Heldentaten des Westens beteiligten, stand sie über hundert Jahre lang abseits, um ihre Vorbereitungen abzuschließen.

„Dann kam sie mit einem Lunchkorb, sie kam mit beiden Beinen, sie kam, um zu bleiben, und ihre Leistungen finden in der Geschichte des menschlichen Fortschritts keine Parallele. Bevor sie ihr Auslandsimmobilienbüro eröffnete, war die neue Welt parzelliert. Andere hatten ihre Ansprüche abgesteckt – viele überschnitten sich – und es gab zahlreiche Hinweise, „das Gras fernzuhalten", aber sie ließ sich nicht einschüchtern.

„1607 gründete sie ihre erste Kolonie in Amerika. Bald waren es dreizehn – eine unglückliche Zahl –, dann trieb sie sie törichterweise zum Aufstand, und hier lernte sie eine wertvolle Lektion. Seitdem hat sie nie eine Kolonie unterdrückt; seitdem hat sie keinen einzigen Schritt zurück gemacht; Seitdem hat sie nach und nach ihre wohltätige Hand über die Erde ausgestreckt, bis über ein Fünftel des Landes rot gestrichen ist – ihr Lieblingston – und über ein Viertel der Menschheit sich bereitwillig ihrer Flagge beugt."

„Oh", heißt es in Leos Notizen, „würde das nicht gefallen, lieber alter Sir Marmaduke!"

„Amerika, meine Kinder, worüber ich bald sprechen werde, war Großbritanniens edelster Beitrag zum menschlichen Fortschritt, denn obwohl die beiden Nationen seit mehr als einem Jahrhundert unter unterschiedlichen Farben auftreten, hat ihr gemeinsames Unterfangen die industrielle Welt revolutioniert und die Menschheit hereingebracht." berühren.

„Wunder aller Wunder! Als andere Nationen, die jetzt Geschäfte machten, sich der Welteroberung rühmten, waren die Briten nur eine „Handvoll" und bewohnten diese felsigen Inseln, doch während die Berge Freiheit und Abenteuer auf See suggerieren und über das Wasser blickten, zogen ihre kühnen Söhne los – nicht um zu erobern, nicht um auszubeuten oder zu verwüsten, sondern um die Welt zu entwickeln und um Häuser, Kolonien, Staaten und Imperien zu bauen.

„Wenn Großbritannien bei seinen Ausflügen eine Waffe mitnahm – und das tat es oft –, dann, um Platz für ein Haus, ein Geschäft oder eine Fabrik zu ebnen. Wo sie ihre Füße aufstellt, wird der Boden fruchtbarer, und wenn sie einen Wilden trifft, steht er stolzer und aufrechter da – nach den ersten paar Predigten.

„Sie ist das Mutterland Amerikas, und durch gemeinsame Anstrengungen sind beide zu Vorbildern des zivilisierten Fortschritts geworden. Sie rettete das alte Indien vor den Rajahs, Räubern und Priestern, vor Hungersnot und Pest und machte es im Vergleich zu seinem früheren Zustand zu einem Paradies. Sie rettete das seltsame, geliebte, verträumte, halb mythische alte Ägypten vor Verfall und Ruin und machte es zu einem Wunderwerk der Hoffnung und des Fortschritts. Sie rettet das „dunkelste Afrika" vor Sklaverei, Aberglauben und Bruderkrieg; und mit Diamanten an den goldenen Spangen übergibt sie es der Zivilisation.

„Sie gab der Zivilisation Kanada mit seinen großartigen Menschen, seinen fruchtbaren Feldern und seiner erstaunlichen ‚Eispflanze'; und sie gab der Zivilisation die sieben Kolonien Australasiens mit den wohlhabendsten, kommerziellsten, fortschrittlichsten, fortschrittlichsten, gebildetsten, zivilisiertesten und freiesten Menschen auf der gesamten äußeren Oberfläche des Planeten.

„Dann, um ihren geringen Respekt vor dem Schmutz zu zeigen, abgesehen von einem Ort, an dem sie sich festhalten kann – und ihren wunderbaren Ehrgeiz für die industrielle Entwicklung – siehe da! die modernen Handelswunder Hongkong und Singapur! Viele Nationen beschweren sich über „Großbritanniens Landgier" und darüber, dass John Bull – wie diese robusten Briten liebevoll genannt werden – immer einen Eimer und einen Pinsel bei sich trägt und überall die Welt rot anmalt; aber wo immer das Karminrot scheint, sind Freiheit und Fortschritt gesichert. Jeder Zentimeter Boden, der durch britische Tapferkeit der Dunkelheit entrissen wurde, wird der Zivilisation übergeben – kostenlos für alle Ankömmlinge.

„Und, Wunder aller Wunder, meine Kinder! In ihren mehr als hundert Kriegen hat sie – abgesehen von ihrem Fehler, ihre eigenen Kinder in Amerika zu zwingen – nie einen Zentimeter wichtigen Bodens durch Gewalt verloren. Und was noch herrlicher ist: Jeder Zentimeter, den sie durch ihr Blut und ihre Tapferkeit aus der Barbarei gewonnen hat, wurde der Zivilisation und dem menschlichen Fortschritt übergeben.

"Aber nein! Sie hat im Krieg viel gewonnen, was sie zum unendlichen Verlust der Welt in Frieden zurückgab.

„Sie hat Kuba im Krieg erobert, die Ordnung wiederhergestellt und es in Frieden zurückgegeben. Es wäre besser für die Welt, wenn sie es behalten hätte.

„Sie eroberte im Krieg die Philippinen, die Kapkolonie, Java, Sumatra, Senegal, Pondicheri und mehr als zwanzig andere wertvolle Besitztümer und gab sie in Frieden zurück, alles zum Verlust der Welt – und dennoch wurde ihr Territorialdelikt vorgeworfen Geiz – nach ‚Landhunger‘.“

Rechts! Herr Oseba, und hätten die Politiker in der Downing Street die kräftigen britischen Wanderer angemessen unterstützt, wäre der größte Teil von Oliffa längst rot angemalt und mit einem Schaltträger geschmückt worden, und das Brito-Yankee-Rennen wäre dazu in der Lage gewesen Garantieren Sie den Frieden zwischen allen Nationen.

„Aber, meine Kinder“, fuhr er fort, „hinter vielen strahlenden Wolken verbergen sich oft düstere Schatten, und damit ihr nicht alle zu dem Schluss kommt, von Cavitorus zu diesen wundervollen Inseln zu eilen, muss ich euch einige der weniger attraktiven Bilder zeigen.“

„Denken Sie daran, dass die moderne Zivilisation der Outeroos dem kolonialen Unterfangen und Erfolg Großbritanniens zu verdanken ist; Aber denken Sie auch daran, dass es nicht immer die „Kolonisierungsnationen“, sondern die „Kolonisten“ der „Kolonisierungsnationen“ sind, die den Maßstab des sozialen Fortschritts auf ein fortgeschrittenes Niveau bringen.

„Die Grundlage des modernen kolonialen Erfolgs lag natürlich in der Struktur der britischen Rasse; Aber die Widerstandslosigkeit der britischen Kolonialunternehmen war zum großen Teil auf eklatante Fehler in der britischen Innenpolitik zurückzuführen.

„Wir sind Landtiere – wir leben auf und vom Land, und Großbritannien hatte nur 124.000 Quadratmeilen Erde. Der „Platz“ war knapp, daher blickten die Leute „in die Ferne“. Aber schlimmer noch, nur sehr wenige im Mutterland „besitzten“ den größten Teil dieser kargen Fläche, so dass die Menschen nur eine Chance in einer Veränderung sahen – denn eine tiefe Liebe zur Freiheit drängte ihnen die Übel des Monopols auf.

„Nun, diese robusten Briten mit dem gemischten Blut der rauen Dänen, Jüten, Kelten, Sachsen, Angeln und anderen fühlten sich als Gäste, Leibeigene oder Pächter nicht zu Hause, also begannen sie umherzustreifen.“

Der Redner sagte, er werde ein paar kleine „Gründe“ darlegen, warum die Shadowas nicht auf die britischen Inseln „strömen“ wollten, und auch einen Überblick über die Bedingungen geben, die möglicherweise einen gewissen Einfluss auf die Erweckung der Abenteuerlust im Ausland gehabt hätten.

„Sie entdeckten", sagte er, „dass von den 76.000.000 Acres Land auf den gesamten Britischen Inseln ein Mann – der nur in seinen Besitztümern groß war – 1.350.000 Acres besaß, während ein anderer 460.000 Acres besaß, wobei die beiden die geborenen Besitzer von über 2 Acres waren." Prozent. des Ganzen, von dem 40.000.000 Menschen leben mussten.

„Sie fanden heraus, dass etwa zweihundert Familien etwa die Hälfte des gesamten Landes besaßen; das weniger als ein Prozent. der Menschen besaßen über 99 Prozent. des Landes, und zwar mehr als 90 Prozent. der Menschen waren völlig landlos.

„Es ist amüsant, meine Kinder, zu hören, wie diese robusten Briten mit ‚meinem Land' prahlen, wenn ein paar Familien so viel von dem Land besitzen, auf dem alle leben müssen – wenn sie zu Hause bleiben. Aber angesichts der enormen Macht, die die Besitzer riesiger Ländereien in der alten Welt genossen, versuchten zu viele, durch die Eroberung der Ländereien ähnliche Vorteile in der neuen Welt zu erlangen, und in der Korrektur dieses alten Irrtums liegt noch immer die beste Staatskunst des Zeitalters erforderlich."

Herr Oseba erklärte weiter, dass aus vielen scheinbar unhaltbaren Situationen oft wohltuende Ergebnisse erwachsen, es kaum zu bezweifeln sei, dass der ererbte Fluch des britischen Großgrundbesitzertums in einer äußerst imposanten „Verkleidung" ein „Segen" für die Zivilisation gewesen sei.

Es beeindruckte den nachdenklichen „Subjekt" mit der unvergleichlichen Bedeutung des Landes für das Leben selbst, insbesondere als die Bevölkerung zu drängen begann; und es erzwang die Aufmerksamkeit selbst der Gedankenlosen auf den enormen Einfluss und die wirkliche Macht, die die Besitzer großer Ländereien ausübten. Die Klassenungleichheiten, die durch die Vererbung der Quelle, von der alle leben müssen, durch die Wenigen entstanden, trieben Heerscharen der intelligentesten, robustesten und selbständigsten Menschen in ferne Länder und zwangen sie, in der neuen Heimat dagegen zu sorgen das Böse, das sie aus dem Alten vertrieben hatte.

Aus abscheulichem Schleim klammern wir uns an den glitzernden Preis, und aus harten Bedingungen entstehen großartige Ergebnisse.

Wasserfall, Waikaremoana.

Da diese Auswanderer das Vaterland liebten, wollten sie ihm treu bleiben; Da sie die Vorteile des Landbesitzes kennengelernt hatten, wünschte sich jeder, sein eigenes Zuhause zu sichern; aber sie erinnerten sich an die Vergangenheit und versuchten dafür zu sorgen, dass die Grenzen eines jeden, von der Arbeit eines anderen zu leben, enger werden sollten. Nicht durch die Verletzung der Rechte der „Eigentümer" von Eigentum, sondern durch die Sicherung der Rechte der „Schöpfer" von Eigentum wurden neue Ideen populär gemacht.

„Aber diese erbenden Weltherren", sagte der Redner, „haben in der Regel eine ziemlich gute Zeit, obwohl es keinem von ihnen erlaubt wurde, lange genug auf seinem jeweiligen Stück Oliffa zu bleiben, als dass es langweilig würde."

Da er Großbritannien nur ungern verlassen will, aber darauf bedacht ist, einige seiner umherziehenden Kinder abzuholen, schließt er den Fall unserer Mutter mit dieser zärtlichen Liebkosung ab:

„Während diese Menschen in Großbritannien das Salz der Erde sind, sind es die Nachkommen und nicht der Landbesitzer, die in den zukünftigen gesellschaftlichen Wettbewerben die Führung übernehmen werden.

„Wenn ich darüber nachdenke, ist es nicht ‚Großbritannien', sondern der ‚Brite', der wie Atlas die Welt auf seinen Schultern trägt; und „der Brite" ist das „Salz der Erde", während „Großbritannien" das Salzbergwerk ist."

„DUNKELSTES AFRIKA" ENDLICH ENTDECKT.

Oseba richtete seine Instrumente dann auf Afrika. Er erzählte seinen Zuhörern, dass es am Rande dieses halbmythischen Landes zwar Einblicke in eine sehr alte Bewegung gab, das weite Landesinnere jedoch bis fast gestern eine wahre *Terra incognito war* und es heute nicht einfach ist, das Korn zu trennen der Wahrheit über seine Geschichte aus dem Wagen voller Fiktion.

Aber Großbritannien rollte jetzt den düsteren Vorhang auf und öffnete die Türen seines sagenhaften Schatzhauses, damit die „dankbaren" (?) Nationen eintreten und Zimmer beziehen konnten.

Afrika, so erzählte der Weise seinen Zuhörern, bedecke ein Fünftel der Landoberfläche des äußeren Globus und habe eine Bevölkerung von 150.000.000 Seelen, also mehr als in ganz Amerika und seinen Inseln leben. Es hat eine zweifelhafte Geschichte, die Tausende von Jahren alt ist. Einst war es so „zivilisiert", dass es dreihundert christliche Bischöfe beherbergte, doch heute gibt es nur noch einen kleinen Teil – das Kap –, der mehr als eine bloße Einführung in die moderne Zivilisation für sich in Anspruch nehmen kann.

Während der Redner eine Reihe von Bildern auf die Leinwand warf, informierte er die Menschen darüber, dass viele europäische Nationen danach strebten, ihre Grenzen in Afrika auszuweiten, und dass sie zum Leidwesen der Eingeborenen nun weitgehend „entdeckt" würden.

MENSCHENRECHTE.

Oh! heilige Rechte des Menschen, von Gott verordnet, doch nur durch Blut, Tränen und Mühe erkämpft.

Hier gab es einen Exkurs und einen Aufsatz über „die Rechte des Menschen", denn die Dichterin Vauline fragte, mit welchem „Recht" die Europäer „Afrika aufteilen", wenn dieses Land bereits 150.000.000 Menschen hätte?

„Das", sagte der Weise Oseba, während er seinen Blick von seinem bewundernden Kritiker auf sein Publikum richtete, „das ist eine relevante Frage; Aber denken Sie daran, meine Kinder, die meisten Einwohner Afrikas sind schwarz – sie sind sehr schwarz."

„Aber ist das eine Antwort auf meine Frage?" sagte die Dichterin Vauline.

„Nun", sagte Oseba, „so würde es bei den Outeroos gelten, denn Fragen nach richtig und falsch gelten nicht für Menschen, die ungebleicht sind."

Dies sorgte für große Überraschung, denn die Shadowas hatten den Bleichprozess noch nicht vollständig durchlaufen.

„Aber warum haben die Schwarzen unter den sogenannten zivilisierten Menschen keine Rechte?" sagte die Dichterin Vauline.

„Eindeutig", sagte Herr Oseba, „denn schwarze Menschen haben keine Donnerbüchsen, und bei den zivilisiertesten Outeroos werden ,Rechte' an der Tragkraft der Waffen und dem Können der Männer hinter ihnen gemessen." Unter allen „zivilisierten Nationen" auf Oliffa wird „Recht" nicht an den Bitten des Meisters, nicht an den Forderungen der Menschlichkeit oder Gerechtigkeit gemessen, sondern in erster Linie an der Farbe, denn diese zeigt die Leistungsfähigkeit der Donnerbüchsen an der Nerv des Schützen.

„Gelbe haben etwas mehr Rechte als Schwarze, denn sie haben manchmal ein paar Waffen und etwas Salpeter. „Du sollst nicht töten" und „Du sollst nicht stehlen" gelten nur für weiße Männer; und selbst dann nur in kleinen Vierteln oder in Polizeiangelegenheiten, denn „Nationen" stehen über diesen honigsüßen Schwärmereien, und Zweckmäßigkeit, nicht Recht, wird zum patriotischen Leitfaden.

„Aber, meine Kinder, während John Bull Afrika schnell rot anmalt, werden wir diesem vielbesprochenen und wenig bekannten Land gegenüber aufgeschlossen bleiben, auch wenn es derzeit kein Ort für Heilige oder Schattenas ist.

„Wenn ich mich in der Diskussion über Rechtsfragen auf die Farbe beziehe, kann ich sagen, dass ,Rot' großen Respekt genießt. Auch in den letzten Jahren, als sich der Geschmack unter den Nationen verbessert hat, wird die so angeordnete Farbe „Rot, Weiß und Blau" durchaus respektiert, während „Gelb" sehr unmodern ist und „Grün" vor allem in Uniform bewundert wird.

„Dass Schwarzafrika schon bald ganz aus Rot und ganz Britisch bestehen wird – zumindest in der Sprache, in der Stimmung, in der menschlichen Sympathie, in den sozialen, industriellen und politischen Methoden und Bestrebungen, wenn nicht in der Loyalität – kann kaum bezweifelt werden; und da allein ihre Ideale aller Rassen der Oberschicht uns zufriedenstellen würden, können unsere Kinder auf eine weitere Kommunikation mit diesen britisch-afrikanischen Kolonien hoffen."

SPANISCH-AMERIKA „ENTDECKT".

Der Redner hier zögerte, dann warf er die Karte dessen, was er „Spanisch-Amerika" nannte, auf den Bildschirm.

„Das, meine Kinder", sagte er, „ist Spanisch-Amerika mit einer Fläche – einschließlich Mittelamerika und Mexiko – von über 8.000.000 Quadratmeilen und einer Bevölkerung von etwa 50.000.000 Seelen." Dies ist ein „neues" Land, das von den Outeroos „neu" genannt wird, weil es sich kaum verbessert hat, seit die alten Besatzer gesegnet und in den Himmel geschickt wurden."

Der Redner behauptete, dass der Süden Nordamerikas in Bezug auf Wald, Boden, Bodenschätze und alle für den Lebensunterhalt einer großen Bevölkerung notwendigen Ressourcen der Natur wahrscheinlich überlegen sei; doch siehe da, der gewaltige Unterschied! Die Welt bot noch nie eine so herausragende Gelegenheit, die Verdienste verschiedener Rassen als Kolonisatoren und Zivilisierer abzuwägen, wie die gegenwärtigen Bedingungen in Süd- und Nordamerika zeigen, und all diese wunderbaren Unterschiede liegen im Charakter der eindringenden oder kolonisierenden Rassen.

Nordamerika entstand aus den Lenden Großbritanniens; Süden, von den Lenden Spaniens. Das erzählt die Geschichte. Aber ein Vergleich aller späten Kolonialunternchmen der Welt zeigt, dass Großbritannien eine ebenso günstige Position einnimmt, denn von allen „ausländischen" Abhängigkeiten aller anderen Nationen der Welt gibt es keines, das einen ausreichenden Grad an Freiheit genießt und sozialer Fortschritt, um es selbsttragend zu machen – möglicherweise außer Java, das von den Holländern gehalten wird.

Er stellt fest, dass die 50.000.000 Spanisch-Amerikaner weniger als die Hälfte der Briefe von 5.000.000 Kanadiern schreiben, und sie haben weniger Handel als 4.500.000 Australier und weniger Zeitungen als 800.000 Neuseeländer – und Bildung und Handel bedeuten Zivilisation.

Ein Sturm.

Hier beschrieb der Weise amüsant eine spanisch-amerikanische Revolution.

Er sagte:-

„Wenn die jungen Männer einer Stadt von den alltäglicheren Aufregungen, dem Theater und dem Stierkampf, müde werden, organisieren sie eine ‚Revolution'. Für diesen „Ausflug" rufen sie ihre Freunde zusammen, bewaffnen sich, errichten auf den abgelegenen Hügeln ein Lager und bereiten sich auf das „Gemetzel" vor. Die „Loyalisten" – in der Regel bezahlte Angestellte mit ein paar Mitläufern – stürmen los, um die Kriegführenden zu treffen, und nähern sich ihnen auf einigermaßen sichere

Entfernung, als beide Seiten „einfallen" und gleichzeitig schießen – jeder über die Köpfe des anderen hinweg. wenn alle zusammenbrechen und zur Staatskasse rennen.

„Wenn die ‚Loyalisten' das Rennen gewinnen, wählen sie sich einen Extralohn, rauchen eine Zigarre und genießen eine *Siesta* ; Wenn die anderen dagegen gewinnen, wird die Staatskasse geplündert, eine neue Gruppe von Angestellten eingesetzt, die Steuern erhöht, um die Schäden zu beheben, und der neue „Vorstoß" genießt die *Siesta* .

„Die Sicherheit der Öffentlichkeit vor zu häufigen Veränderungen beruht auf der Tatsache, dass das Lager der ‚Loyalisten' normalerweise zwischen dem der Aufständischen und dem Finanzministerium liegt , so dass die ‚Loyalisten' auf der Zielgeraden einen kürzeren Weg vor sich haben." .

„Denken Sie, meine Kinder, wie die Zivilisation heute ausgesehen hätte, wenn die Briten sich damit zufrieden gegeben hätten, auf ihrer Inselheimat zu bleiben, oder wenn beide Amerikas dauerhaft von der spanischen Rasse – oder, der späteren Geschichte nach zu urteilen, von einer anderen Rasse – gehalten worden wären als das angelsächsische.

„Nun, meine Freunde, ich habe kein Interesse daran, irgendein Land zum Aufschwung zu bringen, aber wenn ich ganz Spanisch-Amerika in ‚fee simple' besessen hätte und einen langfristigen Pachtvertrag für Hades hätte, würde ich meinen Grundbesitz vermieten und auf meinem anderen wohnen halten."

(Leo bemerkt: „Oh, zum Lachen mit Sir Marmaduke.")

„Nein", sagte der Weise, „es gibt nichts Nachahmungswürdiges in Spanisch-Amerika, und unter der gegenwärtigen Herrschaft in diesen Ländern ist kein Platz für die biederen Tugenden der Shadowas."

SZENE VI.

AMERIKA „ENTDECKT".

OSEBA sagte, er solle nun zu seinen Lieblingsbeschäftigungen zurückkehren. Er sollte nun die Situation eines Landes überprüfen, das von all seinen Millionen stolzer und patriotischer Menschen einstimmig als das „größte Land" nicht nur auf dieser Erde, sondern im Universum anerkannt wurde – und damit war natürlich Amerika gemeint .

Leo Bergin, der in Amerika geboren wurde, schien mit diesen anmutigen Komplimenten „zu Hause" zu sein.

Oseba sagte, dass dieses Land vor seiner Ankunft in Amerika von einem Mr. Morgan einigermaßen „entdeckt" worden sei, der einen Großteil davon mit einem Schal umwickelt habe, dass es aber immer noch gut im Geschäft sei.

Diese amerikanische Nation, sagte er, sei aus den Lenden Großbritanniens hervorgegangen, und ihre Gründer hätten ihre Wurzeln aus diesem „klassischen Land der Freiheit" geerbt. Da sie vom britischen Geist stark durchdrungen waren und von ihrer neuartigen Umgebung beeindruckt waren, durchbrachen sie den Faden der Tradition und demonstrierten, nachdem sie eine Regierung auf der Grundlage der Zustimmung der Regierten errichtet hatten, die Möglichkeit eines zivilisierten Staates ohne König oder Staatsoberhaupt Bischof.

Hier wurde der Redner beredt, „wie von Geburt an", und ich zitiere:

„Amerika – Nordamerika – ist das edelste Land, das Gott jemals seinen Kindern gegeben hat – ein Land, das in allen fortschreitenden Zeitaltern der Welt für ein neues Experiment menschlicher Regierung gerettet wurde, und hier eröffneten einige britische Abenteurer eine Zweigniederlassung. Um „Gott gemäß den Geboten ihres eigenen Gewissens anzubeten", stürzten sie sich in ihre zerbrechlichen Barken, richteten ihre Bugs – die Bugs der Schiffe – auf dreitausend Meilen tosende Wellen und landeten an den felsigen Küsten von Plymouth. Hier erklommen sie gigantische Schwierigkeiten, erklommen die Berge, machten die Wälder dem Erdboden gleich, zähmten den Boden und errangen aus den Klauen vieler Niederlagen einen glorreichen Sieg. Hier errichteten sie neue Altäre, bereiteten ein neues Schicksal vor und bauten, von den ungezügelten Winden des Himmels in der Wiege der Freiheit geschaukelt, einen Tempel, an dessen Schreinen die ungeborenen Generationen frei anbeten konnten."

Hier ist in den Notizen zu lesen, dass ein junger Mann im Publikum lächelte, während die Dichterin Vauline gutmütig überrascht wirkte; Als Amora Oseba das bemerkte, geriet sie ins Stocken und sagte:

„Nun, meine Kinder, solche Bemerkungen wären in Amerika sehr harmlos, und ein Mann, der bei einem ‚passenden Anlass‘ nicht höher aufsteigen könnte, würde bei der Umfrage ganz sicher nicht an die Spitze zurückkehren.“

Aber was den materiellen Wohlstand betrifft, so sagte der Redner, habe Amerika im ersten Jahrhundert seines nationalen Lebens nicht nur beispiellose, sondern beispiellose Erfolge erzielt und in der letzten Hälfte dieser Zeit mehr Reichtum angehäuft, als jemals eine andere Nation besessen habe. Mit fast der Hälfte der Eisenbahnen der Welt lieferte es die Hälfte der Lebensmittel- und Bekleidungsprodukte und stellte mehr Waren her als alle anderen vier Nationen – abgesehen von Großbritannien – und dank des größten erfinderischen Genies, das die Welt je kannte, hatte es mehr davon geliefert raffiniertere Geräte, die die Pflege und Mühe des Menschen erleichtern, als alle anderen auf der Welt.

Queenstown, The Remarkables in der Ferne.

Im moralischen Fortschritt war sie ebenso erfolgreich, denn sie besaß etwa zwei Fünftel aller Zeitungen der Welt; 72.000 Postämter, 180.000 Kirchen, 450.000 Schullehrer und mehr Bibliotheken und mehr Leser als jedes andere Land; während mehr als die Hälfte der Hochschulen auf der Welt ihr gehörten, und wenn man nur die echten Amerikaner zählte, handelte es sich um unternehmungslustigere, genialere, intelligentere und gebildetere Menschen als jede andere Nation.

„Wahrlich“, sagte Oseba, „Amerika war Großbritanniens größter Beitrag zum Fortschritt der Welt.“ Diese beiden verwandten Länder blühten durch gegenseitige Interessen auf; Mit ihren industriellen Methoden haben sie die

Welt aus der mittelalterlichen Barbarei befreit und sind dazu bestimmt, ihre Sprache, ihre Zivilisation und ihre Vorstellungen von Freiheit der gesamten Menschheit weiterzugeben."

Hier fragte die Dichterin Vauline, warum Amerika trotz all seines großen Reichtums und seiner Möglichkeiten kein wünschenswertes Land für die Entsendung einer Kolonie der Shadowas sei?

„Eine Wolke war auf seiner Stirn."

Oseba antwortete: „Ich liebe dieses große und wunderbare Land so sehr und bewundere seine großartige Kühnheit so sehr, dass ich gerne freundlich sprechen würde, sogar über seine Fehler; Aber, meine Kinder, im Yankeedom geht es nicht nur um „Rosenwasser und Glyzerin".

„Was Wohlstand, Unternehmertum, Bildung, Intelligenz und Möglichkeiten für weiteren Fortschritt angeht, kann Amerika zu Recht behaupten, die führende Nation der Welt zu sein, und es hat ‚Rechte', die kein anderer bestreiten möchte. Aber,-

„Die Leute, Oh! die Leute,
die viel niedriger als der Kirchturm sind.'

Sie sind es, bei denen wir uns gewinnbringend erkundigen können. Eine Nation mag reich sein, obwohl das Volk arm sein mag; Eine Nation kann stark sein, während das Volk schwach ist. Eine Nation mag gefürchtet sein, weil man sich darauf verlassen kann, dass das Volk seinen entwerfenden Herren gehorcht, aber die wahre Größe einer Nation muss immer von der Qualität der Individuen abhängen, aus denen die Nation besteht.

„In Amerika, meine Kinder, singen sie viele Chöre. Über das Meer hinweg hört man das Stöhnen der Verzweiflung, vermischt mit den inspirierenden Gesängen der in Roben gekleideten Priester, und das öffentliche Herz ist von Mitleid berührt, der Kapellmeister erklimmt sein Podest, sieht gelassen und wohlwollend aus und hebt seinen Taktstock mit anmutig geschwungenen Signalen , die Bevölkerung stimmt mit einer Stimme zu:—

„Kommt, ihr, aus unterdrückten Ländern,
kommt, ihr, aus Ost und West, kommt, schließt euch unserer glücklichen Schar an, kommt, stimmt ein in den freudigen Gesang, – denn in diesem schönen Land gibt es weder Mangel noch Armut, keine Könige unterdrücken, nein Bettler suchen die Tür. In Plentys wunderschönem Schoß vertreiben wir die Tage. „Komm, tappe in unsere Falle" – warum brauchst du lange zu zögern?

„Diese sanften Töne sollten immer dabei helfen, die Einwandererschiffe, die durch den Streik entstandenen Leerstände und die Taschen der Landboomer zu füllen, aber gerade als die letzten schwachen Echos verklingen, erhebt sich aus der engen Gasse ‚hart daneben' – gerade." vom Broadway – das klagende Jammern: –

„Hört ihr die Kinder weinen, o meine Brüder,
wenn der Kummer mit den Jahren kommt? Sie lehnen ihre jungen Köpfe
an ihre Mütter, und *das* kann ihre Tränen nicht aufhalten."
Die jungen Lämmer meckern auf den Wiesen, die jungen Vögel zwitschern im Nest,
die jungen Kitze spielen mit den Schatten,
die jungen Blumen wehen nach Westen, – aber die kleinen, kleinen Kinder,
oh meine Brüder, sie sind es Sie weinen bitterlich! Sie weinen im Spiel der anderen, im Land der Freien.'

„Natürlich, meine Kinder, können diese geliehenen Wehklagen von den Leuten stammen, die bei den letzten Wahlen im Regen stehen geblieben sind, denn in Amerika kann man ‚manchmal nicht sagen', woher die inspirierenden Motive der Unterhaltung kommen .

„Lasst mich euch eine kleine Geschichte erzählen, meine Kinder.

„Eines Novembernachmittags, als ich in einem Zug Richtung Westen saß, hatte ich als Reisebegleiter einen sehr intelligenten, patriotischen und traurigen Mann. Sein Verhalten war verhalten, seine Stimme war klagend und er sprach ernsthaft über den Zustand seines Landes.

„Ich werde seine eindringlichsten Worte auslassen und Teile seiner gruseligsten Sätze abschwächen, um Ihnen den Inhalt seiner leidenschaftlichen Rede vorzutragen, während wir über die Ebenen eilten, um die schnell sinkende Sonne einzuholen.

„Als mein Freund von der Größe Amerikas sprach, sagte er: ‚Vielleicht sind einige präzisierende Worte nötig, sonst könnten die Ideen, die vermittelt werden sollen, verwirrend sein.' „Wir Amerikaner", sagte er, „rühmen uns der „Gleichheit vor dem Gesetz", doch in keinem anderen zivilisierten Land wurde die Günstlingswirtschaft in beklagenswertere Extreme getrieben. Wir rühmen uns der Freiheit, doch in keinem Land kontrolliert eine geringere Zahl von Menschen die Bedingungen, unter denen alle leben müssen, und wir rühmen uns unserer verfassungsmäßig geschützten Rechte, doch der zufällige Chef einer Partei kann eine Macht ausüben, die für keinen konstitutionellen Monarchen des Landes undenkbar ist Europa.'

„'Aber können diese Missbräuche bei einem so intelligenten Volk nicht behoben werden?'

"'Intelligent?' sagte er mit einem Seufzer. „Den Menschen in Amerika wird häufig gesagt, dass sie sehr intelligent und frei seien, aber würde ein sehr intelligentes Volk so wütend Kohle in den Ofen einer Lokomotive schaufeln, die ihren Zug schnell zum Teufel trieb?"

„„Theoretisch haben die Amerikaner den symmetrischsten politischen Tempel errichtet, an dessen Altären das fromme Oberhaupt des Patriotismus jemals eine demütige Treue gebeugt hat; Aber in der Praxis", sagte er voller Rührung, „nun ja, sind die oberen Räume von Intriganten besetzt und die Hallen sind von einer räuberischeren Gruppe von Geldwechslern bevölkert als der Meister, der aus dem Tempel von Jerusalem gepeitscht wurde."

„„Dollar, Dollar', sagte er bitter, ,es gibt nichts in Amerika, das mächtiger ist als eine Million Dollar.' Dann, nach einem Moment des Schweigens, murmelte er: „Ja, fünf Millionen sind wirksamer."

„„Allerdings wäre es lächerlich absurd', fuhr er traurig fort, ,wenn irgendein Amerikaner ein Gefahrensignal hissen würde, denn die Freuden des Anlasses dürfen nicht getrübt werden; Aber", sagte er mit einem Schimmer der Befriedigung, „während Belsazar beim Festmahl ausgelassene Witze macht, wechselt Daniel seine Hausschuhe und bereitet sich auf einen Besuch vor." Tatsächlich", sagte mein Begleiter, „wird Amerika von seinen Verwaltern geplündert, und während die Philister die Beute wegpacken, schlafen die albernen Samsons auf dem Schoß von Delilah."

„Mein Freund war eloquent und beeindruckend – seine Sprache war grell und ausdrucksstark, seine Art war ziemlich amerikanisch, und ich hatte Mitgefühl mit ihm, denn es ist traurig, den Patrioten mit gesenktem Kopf und ernstem Gesicht dasitzen zu sehen und über den schwindenden Ruhm seines Lebens nachzudenken." sein eigenes stolzes Land, und er schien sehr ernst zu sein.

„Nun", sagte Oseba, „wir hielten in einer hübschen Stadt an, in der Chaos herrschte, und mein Freund wurde entgleist. Als er ausstieg, traf er einige Freunde. Auch sie sahen unglücklich aus, und neugierig stieg ich aus, und als ich einen freundlich aussehenden Kerl auf dem Bahnsteig bemerkte, ging ich auf ihn zu, winkte der Party meines verstorbenen Begleiters zu und sagte fragend: „Beerdigung?"

„Der Mann lachte tatsächlich, und als er bemerkte, dass ich es ernst meinte und dass ich nicht aus seinem Land stammte, lachte er erneut und warf einen Blick auf die Gruppe meines Freundes und sagte: –

„'Beerdigung, Fremder! Wir hatten eine Wahl, und es war der schlimmste Erdrutsch, den es in dieser Gegend je gab, und er – ha! ha! – ist draußen in der Kälte."'

Oseba, heißt es in den Notizen, bemerkte, dass die Glocke läutete, er seinem Begleiter „winkte", wieder in seinen Zug einstieg, sich auf seinen Sitz fallen ließ und – nachdachte.

Ein Exkurs.

Aus den Notizen geht hervor, dass Herr Oseba von den Enthüllungen seines „Reisegefährten" zutiefst betroffen war. Er muss nicht verzweifeln.

Diese Rasse steht schon seit einiger Zeit ziemlich prominent im Rampenlicht, und sie ist von so gemischter und robuster Abstammung, dass sie mit dem Geist, wenn auch nicht „ewiger", so doch zumindest mit dem Geist einer langanhaltenden Jugend ausgestattet zu sein scheint.

Der Angelsachse hat seine Mission noch nicht erfüllt, und sicherlich sollte Amerika so früh in seiner beispiellosen Karriere keine Anzeichen von Dekadenz verraten. Während „schnell wachsen, schnell vergehen" ein Gesetz sowohl der Nationen als auch der Natur zu sein scheint, während Reichtum oft ein Beweis für Ungerechtigkeit ist und obwohl es in der Zahl oft Keime der Schwäche gibt, steckt Amerika noch in seiner kraftvollen Jugend , in ihrer Stärke muss Tugend sein, die ausreicht, um diesen sehr offensichtlichen Schwierigkeiten zu begegnen.

Es muss auch daran erinnert werden, dass Amerika, obwohl es große Chancen hatte, bei seiner Geburt als Nation eine gewaltige Aufgabe vor sich hatte. Als Bestätigung eines vererbten britischen Instinkts revoltierten die „britischen Kolonien" gegen einen König, der zu niederländisch war, um ein britisches Gefühl zu würdigen, und gegen ein Parlament, das zu schwach war, um ihm zu widerstehen, und die „britisch-amerikanischen" Kolonien wurden zur „amerikanischen Nation".

Aber die Verantwortung der neuen Nation war ebenso enorm wie ihre Möglichkeiten fabelhaft. Politisch war sie ohne Lotse und Kompass unterwegs, und sie machte sich daran, einen Tempel zu errichten, auf dessen Altären ihr Volk anbeten könnte, und ohne Gesetz oder Präzedenzfall baute sie, besser als sie wusste, eine Regierungstheorie auf – das Erstaunen, den Stolz und die Bewunderung einer hoffnungsvollen Welt.

Es mag sein, dass die Köpfe der Menschen ein wenig verdreht waren, aber angelockt von den verlockendsten Möglichkeiten, die sich dem Menschen je boten, schleuderten sie eine erwachte Energie gegen die Türen des Schatzhauses der Natur und marschierten bald unter den Führern der industriellen Kunst – ja, weg in der Avantgarde. Zur Verteidigung ihres Handels war ihre kleine Marine die erste, die die Barbarenpiraten demütigte, die jahrhundertelang den gesamten Mittelmeerhandel erpresst hatten. Bald war seine Flagge in jedem Hafen zu sehen, und mit den Gewinnen aus dem Handel mit seinen Produkten legte Großbritannien den Grundstein für ein gewaltiges Industriesystem, das es zur Handelsherrin der Welt machte.

Ihre Beschäftigungen waren industriell geprägt, ihre Wege waren Wege des Friedens. Bald beförderte sie ein Drittel der Meerestonnage, und ihre Erfindungen erleichterten die Probleme der gesamten Menschheit.

Während dieser prägenden Entwicklungsstadien war wirkliche Armut unbekannt, und von großen Vermögen – wie sie heute angehäuft werden – hatte man nie geträumt.

Aber was für eine Zeit und was für ein Land für die Entwicklung des Charakters! In diesen friedlichen, aber fleißigen und sparsamen Tagen entstand die großartige Schule von Schriftstellern, Dichtern, Essayisten, Philosophen, Publizisten und Reformern Neuenglands sowie den Rednern, Staatsmännern und Patrioten der jungen Tage der Republik. Mit solchen Errungenschaften, Herr Oseba, kann die Freiheit nicht von der Erde verschwinden. Die grotesken Anomalien in Amerika sind Ereignisse des Wandels der Zeit und werden bald verschwinden.

Aber zu den Notizen:—

„Platz für eine Kolonie? Quantität, meine Kinder, aber keine verlockende Qualität für uns.

„Nein", sagte Oseba, „aufrichtig, ich liebe Amerika und sein großartiges Volk, aber die Flagge des sozialen Fortschritts wurde auf andere Länder übertragen, also muss Amerika das Telefon halten, während andere dieser großartigen Rasse – noch mehr vom Klassiker abweichen." Inseln – folgen Sie den Rufen der Gerechtigkeit und führen Sie die Menschheit zu einer umfassenderen, höheren und edleren Freiheit.

„Nun, ich rufe Amerika ab, denn während jede Phase des Konzerts so bezaubernd ist, dass man zum Verweilen neigt, erhaschen wir einen Blick auf kommende Szenen, die unsere Hoffnungen auf ein erfreuliches Ziel beschleunigen.

„Vom großen und großartigen Amerika aus unternahm ich eine lange Seereise, meine Kinder, und auf der ‚anderen Seite' fand ich den Anfang vom Ende meiner Aufgabe, denn hier sind alle Träume all meiner ermüdenden Wanderungen und all das Die Hoffnungen auf alle meine eingebildeten Visionen von besseren Dingen wurden Wirklichkeit, und mit frohem Herzen wandte ich meine Gedanken den Freunden von Cavitorus zu."

Der Löwenfelsen, 5000 Fuß. hoch, Milford Sound

SZENE VII.

AUSTRALASIEN ENTDECKT.

Und sie schickten Schiffe in ferne Länder und brachten Gold und Kupfer und feine Wolle, und die Kaufleute machten großen Gewinn.

ZU diesem Zeitpunkt macht der geliebte und verlorene Leo Bergin eine kurze Pause, denn da die menschliche Ausdauer überall Grenzen hat, war Oseba müde geworden.

Während der Pause, so erfahren wir in den Notizen, gab es viel Flüstern, viel zweifelndes Kopfschütteln und viele echte Befürchtungen hinsichtlich der Ergebnisse der Schlussfolgerungen des Berichts.

„Wir sind um die ganze Welt gereist", sagte eine gelehrt aussehende Matrone, „und wir haben keine Ermutigung."

„Es ist besser, die Wahrheit zu erfahren", sagte ein anderer.

„Für Cavitorus ist es eine Angelegenheit von nicht geringer Bedeutung", sagte ein Dritter.

Die Leute standen oder saßen in Gruppen und unterhielten sich ernsthaft, einige konsultierten einen kleinen Globus, der am Rand des Podiums stand. Nach Ablauf einer Stunde nahmen die Leute wieder ihre Plätze ein, Amoora Oseba betrat die Bühne und das Publikum war ganz aufmerksam.

Als er aufstand, sagte er den Menschen, dass er ihre Gefühle, ihre Hoffnungen, ihre Ängste und Ängste verstehe. Er hatte sein Bestes gegeben, und seine ergebenen Kameraden waren ebenso besorgt wie er um ihr geliebtes Land und seine Sache. Fehler zu machen ist menschlich, aber zur Abwechslung wäre es besser, übervorsichtig als überängstlich zu sein. Nicht alle Veränderungen bedeuten Fortschritt, auch wenn dies selbst von den führenden Politikern der Welt nicht immer verstanden wird.

Er sagte seinem Publikum, dass sie noch nicht fertig seien – über Oliffa sei noch nicht vollständig berichtet worden, weil sie andere Entdeckungen gemacht hätten. Es gab noch zwei Länder zu inspizieren, und er bat sie, guten Mutes zu sein. Er sagte, die Länder, auf die er nun aufmerksam machen sollte, seien recht „neu" in dem Sinne, dass sie selbst den Outeroos selbst erst seit vergleichsweise kurzer Zeit bekannt seien. Dann schaltete er das Licht ein, legte den gesamten Globus frei und fuhr fort:

„Die Erde wurde praktisch umrundet, und wenn Sie alles gesehen haben, hoffe ich, dass Sie mit meinen Bemühungen zufrieden sein werden.

„Wir haben alle von Menschen bewohnten Länder besucht und meine Entdeckungen haben viele interessante Fakten ans Licht gebracht, die viele Schlussfolgerungen nahelegen.

„Die Menschheit", argumentierte Herr Oseba, „ist verwandt. Alle Arten und Stände von Menschen gingen aus einer gemeinsamen Abstammung hervor. Die enormen Unterschiede in Form, Farbe, Sprache, Brauchtum und Mentalität sind auf die unterschiedlichen Umweltbedingungen zurückzuführen, die sich über viele Jahrhunderte hinweg langsam entwickelten. Aus gemeinsamen Leidenschaften, gemeinsamen Wünschen und gemeinsamen Bemühungen zu ihrer Befriedigung drängte sich der Mensch langsam vorwärts, wobei das Tempo variierte, je nachdem, wie die Natur die Bewegung einlud oder verbot.

„Aber Genie hat Zeit und Raum vernichtet. Die Welt wird in Kontakt gebracht, und die Rasse, die die List der Hände verbessert und die Forschung des Gehirns geweckt hat, ist dazu bestimmt, die Welt zu führen, zu vereinen und zu beherrschen.

„Die Angelsachsen sind eine besondere Verbindung vieler gemischter und robuster Stämme, und in der Genialität der Rasse liegt der Zaubertrank, der der Menschheit Ton, Sprache und Inspiration verleiht.

„Aber der moderne Brite ist das Endprodukt angelsächsischer Ziele und ererbter Bestrebungen. Der Brite ist eine Dreifaltigkeit aus Englisch, Irisch und Schottisch, eine Mischung aus den hartnäckigsten Lastern und robustesten Tugenden, die es je in einer organisierten Gesellschaft gab.

„Janus war kein Brite; Der Brite hat nur ein Gesicht, und es blickt immer nach vorne. Der Brite ist robust, also drängt er vorwärts; er ist müde und rennt nie; Er ist hartnäckig und eignet sich alles an, obwohl er nur ein einziges offenes Ende hat. Da er mehr Wünsche als Fleiß hat, erfindet er, dass er befriedigt werden kann. Er passt sich den neuen Bedingungen an und hisst seine Flagge über seiner neuen Hütte und den Nebengebäuden in Sichtweite. Da sie als Linguisten langweilig sind, müssen die Menschen aller Welten seine Sprache lernen oder auf das Bankett der Gegenwart und – der Zukunft verzichten.

„Ja, die Briten sind eine robuste Rasse. Sie wurden in einem angenehmen Klima entwickelt. Aber Menschen können nicht vom Klima leben, und diese Menschen hatten Appetit. Nichts *kann* aus Nichts entstehen. Gedanken und Handlungen sind „Produkte", aber die fertigen Produkte offenbaren immer den Charakter des Rohmaterials. „Seltsam", argumentierte er, „aber so wie ein Mann isst, isst er auch." Der Franzose isst einen Frosch und tanzt; der Italiener isst Makkaroni und betreibt eine Handorgel; während der Brite als regelmäßige Nahrung Rindersteak und Löwe zu sich nimmt, wandert er umher und – malt die Welt rot an.

„In kürzerer Zeit, als die alten Nationen brauchten, um eine Stadt zu bauen, hatten die Bewohner der kleinen britischen Inseln mehr als ein Fünftel der Erdoberfläche erobert und beherrschten die Zuneigung eines Viertels der Menschheit." Wettrennen. Aber die edelsten Werke, die dieses widerstandslose Volk vollbracht hat, sollen jetzt zur Bewunderung meiner Landsleute enthüllt werden."

Hier drehte er die große 12 Meter große Kugel in einem Achsenwinkel von 23 Grad und legte so die südliche Hemisphäre gut frei. Nachdem er die südliche Öffnung – die Hintertür von Symmes' Loch – und den Unterschied in der Verteilung von Land und Wasser in der Nähe der jeweiligen Pole bemerkt hatte, drehte er den Globus, um Australasien angemessen darzustellen.

In Osebas fröhlicherem Auftreten, seiner bereitwilligeren Rede und seinem strahlenden Gesicht lag ein Schimmer der Freude, und als man die volle Bedeutung dieser neuen Szene erkannte, gab es großzügigen Applaus – Leo bemerkt, „fast Begeisterung". ."

„Dies", sagte der Weise Oseba, „sind die ‚australischen Gefilde', der letzte trockene Schmutz auf der Oberfläche von Oliffa, vollständig vor der Dunkelheit gerettet und der Zivilisation gewidmet."

„Seine Farbe zeigt seinen sozialen Zustand an – es ist zivilisiert und frei, denn auf Oliffa, meine Kinder, ist ‚Rot' das Symbol der Hoffnung. „Die Welt rot anmalen" bedeutet, das Licht anzuschalten, und John Bull hat immer einen Eimer Karminrot dabei – und oft hat er einen „Pinsel"."

Oseba sagte, dass er sich bei der gesamten Untersuchung bemüht habe, einem Beispiel zu folgen, das vor vielen Jahrhunderten von einer Persönlichkeit gegeben worden sei, deren Rat Oliffa ständig zitiert – und noch häufiger ignoriert – werde, das Beste bis zum Schluss zu behalten.

Australien wurde früher als Insel bezeichnet, aber da es flächenmäßig in etwa den Vereinigten Staaten von Amerika und fast so viel wie Europa entsprach (fast 3.000.000 Quadratmeilen), wurde es jetzt als „Kontinent" betrachtet, obwohl es weniger als 4.000.000 Menschen hatte .

„Platz für eine Kolonie?" sagte die Dichterin Vauline mit etwas, das an Rührung grenzte.

„Ja", sagte Oseba.

Aber lassen Sie uns vorsichtig vorgehen. Ich koche ein.

Er sagte, es gäbe viel „Platz" und für eine Weile werde es „Platz zur Vermietung" geben, aber tatsächlich war es zwar ein schönes Land, das von einem großartigen Volk bewohnt wurde, aber nicht ganz alles, was es auf der Karte zu sein schien. An den Grenzen des „Australischen Kontinents" und über Hunderte von Meilen hinweg gab es viel wunderschönes Land, aber es gab ein riesiges Inneres, das, obwohl es auf der Karte rot war, fast zu dünn war, um die Farbe zu halten.

Tatsächlich litt ein großer Teil Australiens, wie viele seiner Bewohner, unter einem unstillbaren Durst. Für Unwissende hat dieses „trockene" und heiße Landesinnere Australien einen „schlechten Ruf" eingebracht, da die Menschen normalerweise von „Geräuschen" beeinflusst werden und selten darüber nachdenken, wie viele große Reiche aus diesen fruchtbaren Grenzen und Ebenen herausgearbeitet werden könnten.

Er beschrieb, wie Cook Australien im Jahr 1770 „fand" und wie es auf Anweisung des Kolonialministers Sydney im Jahr 1779 erstmals „kolonisiert" wurde. Er dokumentierte seine Kämpfe und sein Wachstum während der stillen Jahre; wie die koloniale Autorität ausgeübt wurde; wie die Selbstverwaltung oder sogenannte „verantwortungsvolle Regierung" etabliert wurde; und wie mehrere autonome Kolonien gegründet wurden, um entlegenere Teile des Landes von bequemen Machtsitzen aus zu erreichen.

Aufgrund der hohen Reisekosten gehörten Einwanderer meist der besseren Klasse an; und aufgrund der Distanz zur zentralen Autorität wurde der Kolonist selbstständig und begann bald, neue Ideen auf neue Bedingungen anzuwenden.

Er beschäftigte sich mit offensichtlicher Freude mit der Entwicklung der Städte der kontinentalen Kolonien zu prächtigen Zentren des Reichtums und der Bevölkerung und lobte den Geist, der bereit war, Traditionen in den Wind zu schlagen und mutig mit verschiedenen Mitteln zu experimentieren, die für einige eine Lösung zu sein schienen drängendes Problem.

Als er die australasiatischen Städte beschrieb, erklärte er, dass Sydney die schönste Stadt der Welt sei und eine Gesellschaft habe, die in Kultur und Charakter der jedes anderen Landes ebenbürtig sei. Er bewunderte den Wettbewerbsgeist zwischen den verschiedenen oder mehreren politischen Zentren und die vielen Abweichungen von alten Vorstellungen.

Der Mut des Volkes, neue politische Methoden zu übernehmen und die Beziehungen zwischen Regierungen und Industriekräften neu zu ordnen, schien ihm sehr zu gefallen.

Er erklärte, dass „diese selbstverwalteten autonomen Kolonien, entstanden durch die einladenden Möglichkeiten einer neuartigen Umgebung, inspiriert von einer Sphäre unbestimmter Freiheit, mit der rücksichtslosen Bereitschaft, zur Verwirklichung neuer Ziele auf neue Mittel zurückzugreifen, insgesamt in Australasien hervorgebracht hatten." das Wesentliche des wahren Wertes, der höchste durchschnittliche Typ von Mann und Frau auf der Oberfläche von Oliffa – wobei das isoliertere Neuseeland wahrscheinlich an der Spitze steht."

Oseba sagte, die Australasian hätten ein höheres durchschnittliches Lebensniveau als alle anderen Völker; Sie waren besser ausgebildet, besser gekleidet, besser ernährt und besser untergebracht, und wenn man Vergleiche auf gleicher oder ähnlicher Grundlage anstellte, waren sie die größten Handelsleute auf der Welt, mit verhältnismäßig viel größerer Bankmacht als jedes andere Volk. Im Verhältnis zur Bevölkerung verfügten diese 4.500.000 Australasian über viermal so viel Kapital wie die Menschen anderer führender Länder, und ihr Handel war viermal größer.

Er begrüßte die Tendenz, das Land für die Nutzung durch das Volk zu nominalen oder niedrigen Pachtzinsen zu halten; der Bau, der Besitz und die Verwaltung von Eisenbahnen, Telegrafen, Telefonen und anderen öffentlichen Versorgungseinrichtungen durch die Regierung zum Nutzen und Nutzen der Regierten als Gipfel politischer Weisheit.

Er behauptete, dass die Australasian jede Lektion der Geschichte bestätigt hätten, denn alle Erfahrungen lehrten, dass Gesetzesexperimente nur durch koloniale Unternehmungen sicher seien und fortschrittliche Ideen in Gesetzen kristallisierten. Kleine Gemeinschaften konnten problemlos experimentieren, und wenn das Volk die Oberhand hatte, waren die Gefahren, die schnelle Veränderungen mit sich bringen könnten, dem Mehltau der Stagnation vorzuziehen.

Was den politischen und sozialen Fortschritt, den materiellen Wohlstand und den moralischen Wert angeht, standen die Menschen Australasiens deutlich an der Spitze der Prozession.

Nur durch den Einfluss kolonialer Unternehmungen hatte die wirkliche Freiheit jemals einen wesentlichen Sieg errungen, und nur durch die durch koloniale Notwendigkeiten gebotenen Mittel kam es rasch zu großen wirtschaftlichen Veränderungen.

Amerika übertraf in seiner freien und furchtlosen Jugend das Mutterland bei weitem in liberaler Gesetzgebung und wirtschaftlichem Fortschritt, aber der

Mühlstein des angehäuften Reichtums und der „eigenen Interessen" belastete es, und es zog sich von der Führung zurück, während Australasien mit seiner neuartigen Umgebung und Die Erfahrung aller früheren Zeitalter, über die man nachdenken musste, schlug vor, ein wenig weiter über die einladenden Meere des sozialen Fortschritts zu segeln, und ihr Erfolg hatte die Weisheit ihrer Entschlossenheit bestätigt. Zu einer Zeit, als viele andere Nationen geradezu wahnsinnig Kolonialexperimente vorantrieben, hatte sie einen neuen Band geschrieben, der die Beweise der Jahrhunderte bestätigte, dass Großbritannien von allen modernen Nationen als einziges über die erforderlichen Qualitäten für eine erfolgreiche Kolonisierung verfügte.

„Australasien verdient Wohlergehen der Welt", sagte Oseba, „denn unter den unterschiedlichen Maßstäben seiner vielen Kolonialherren hat es das Volk in eine äußerst fortgeschrittene Position gebracht."

Blick auf den Mueller-Gletscher vom Ball Pass, Mount Cook.

„Aber in Australien selbst hat kürzlich eine Veränderung stattgefunden, die zwangsläufig die Schnelligkeit des australischen Fortschritts bremsen muss. Sechs der australasiatischen Kolonien — Neuseeland schließt sich nicht an — haben die Gefechtslinie verlassen und sich zu einer weniger mobilen Masse zusammengeschlossen. Die leichte Infanterie hat sich schwere Rucksäcke umgeschnallt — die fliegende Artillerie wurde in Belagerungsgeschütze umgewandelt. Die „Staaten" sind nun in der Vergangenheit verankert, und das „Commonwealth" muss schwerfällig sein. Die Mitglieder dieses Pakts scheuen sich vielleicht, aber die Ketten sind unnachgiebig, und der schwerfällige Rumpf, in den das gesamte Gepäck geworfen wurde, wird sich in seinen Bewegungen nur schwerfällig bewegen.

„Als soziale Gruppe befanden sich die Australier in ihren ‚freien Kolonien‘ in ihrer vitalen Jugend – sie waren lebhaft und ehrgeizig. Sie schauten ins Ausland, sahen, was andere getan hatten, und sagten: „Lasst uns einen weiteren Schritt machen", und da sie frei und selbstverwaltet waren, konnten sie ihre politische Maschinerie schnell an die lokalen Anforderungen anpassen.

„Inspiriert von neuartigen Umgebungen, großen Möglichkeiten und harten Notwendigkeiten gaben die Phönizier und die Griechen als Kolonisatoren Europa seine Handelsinstinkte; und inspiriert von ähnlichen Möglichkeiten und Notwendigkeiten haben die Briten nicht nur die Träume der Alten Wirklichkeit werden lassen, sondern auch die moderne Zivilisation geschaffen und fest verankert. Amerika ist das Karthago Phöniziens. Australasien ist die *Magna Grecia* Griechenlands. Australien hat seine Rolle gut gespielt.

„Aber ein neuer König ist gekommen, meine Kinder, ‚der Joseph nicht kannte‘, und kein Moses kann das Volk schnell aus dem Schatten des ‚Commonwealth‘ herausführen."

„Australien hat ein angenehmes Klima; es verfügt über ausgedehnte, fruchtbare Ländereien, die ausreichen, um ein großes Imperium zu gründen; Es hat ein großartiges Volk und hat den Standard des sozialen Fortschritts um viele Meilen vorangebracht, aber der „Stammes"-Überschwang wurde durch die Treue zu einer zentralen Autorität behindert, sodass die Führung des sozialen Fortschritts in weniger belastete Hände übertragen werden muss.

„Die Welt steht in stummer Bewunderung für Australiens soziale Errungenschaften; aber um den Ehrgeiz einiger Männer zu befriedigen, die sich ein breiteres Feld für die Darstellung eines großartigen Talents wünschten, hat sie ihre „Innings" verloren und „Neuseeland" hat den Schläger.

„Als die Commonwealth-Band anfing, wurde über 1.900 Seemeilen nach Neuseeland geflüstert: ‚Kommst du in meinen Salon?‘ aber der robuste Seddon antwortete: „Nein, danke!" Wir werden weitermachen und etwas mehr Licht einschalten.'

„Dann, während ich die Australier liebe und immer auf ihren zukünftigen Wohlstand hoffen werde, werden wir ‚legen‘ und uns das letzte, schönste und freiste und einladendste Feld ansehen, das jemals von der Menschheit erforscht wurde, denn die Farben sind bereits da in würdige Hände gebracht, und die Führer haben vorgeschlagen, einen weiteren Schritt zu tun."

Zusammenfassend sagte der Weise Oseba, dass China selbst mit „Chancen" keine Vielfalt biete; Und obwohl Japan Abwechslung bot, hatte es keinen Platz. Europa war zu stark mit dem Militarismus verbunden, als dass es zu einer gesunden geistigen Entwicklung gekommen wäre; Großbritannien ist zu einem Park für seine Adligen geworden; Afrika hatte die schwarze Pest; Amerika war Eigentum der Trusts und wurde in ihrem Interesse von den Parteibossen verwaltet; und Australien hatte wie ein Kind, das nach Armbändern schreit, Handschellen angelegt.

„Keines davon entspricht also den Anforderungen unseres Auftrags", sagte der Redner, „und ich lade Sie, meine Kinder, jetzt zu einer weiteren Bilderserie in unserer umfangreichen Galerie ein – das ist meine letzte ‚Entdeckung'."

Hier gönnte sich das Publikum bis zur Neueinstellung der Instrumente einige Momente lebhafter Unterhaltung, denn die Versprechungen schienen ermutigender zu sein. Aber bald trat Herr Oseba mit selbstbewusster Würde nach vorne und sagte mit angenehmer Stimme:

„Meine gelehrten Kollegen und Sie, meine geliebten Landsleute, ich habe Sie lange aufgehalten, und damit Sie meine Schlussfolgerungen verstehen, bin ich in meiner ausführlichen Rezension etwas ins Detail gegangen. Ich habe Ihnen viele meiner Entdeckungen auf der äußeren Oberfläche unseres Planeten gezeigt; Ich habe die politischen Systeme vieler Völker erklärt und das Spiel Ihrer Gefühle beobachtet, als die Lebensbedingungen der Menschen dargestellt wurden. Aber ich verspreche Ihnen jetzt nur erfreuliche Offenbarungen, denn in Bezug auf Schönheit, Klima, Boden und soziale Lage werde ich Ihnen das Paradies von Oliffa zeigen, und das bedeutet einen Teil Australasiens, der sich weigerte, der Föderation beizutreten, deren ich bin gesprochen – es bedeutet Neuseeland, auf der Karte „Zealandia", mit den Dichtern, aber Zelania, wie es in unserer musikalischeren Sprache genannt werden würde, und mit diesem wohlklingenden Titel werden wir von diesem bezaubernden Land sprechen. Dies, meine Kinder, war meine letzte Entdeckung, und obwohl es vielen Menschen auf Oliffa überhaupt nichts ausmacht, entdeckt zu werden, hoffe ich, dass die „Zelanianer" es nie bereuen werden, dass ich an ihren glückseligen Küsten gelandet bin."

SZENE VIII. – Akt I.

ZELANIA – HERR. OSEBAS LETZTE ENTDECKUNG.

BLAUSTIFT gezeichnet habe, bin ich hier gezwungen, den mir großzügig eingeräumten Ermessensspielraum zu nutzen, indem ich die Methoden zur Einführung der Szenen von Herrn Osebas letzter Entdeckung selbst auswähle.

Hinemoas Bad, von legendärem Ruhm

Es wurde bereits erwähnt, dass Leo Bergin „in Neuseeland für Zeitungen gearbeitet hat", und hier scheint der richtige Ort zu sein, um auf diese erfreuliche Tatsache noch einmal hinzuweisen.

Leo bemerkt, dass es bis zu einer Neuordnung der Bühne eine kurze Pause gab und dass seine Gedanken später, nachdem er von der angestrengten Aufmerksamkeit erschöpft und von den beruhigenden Freuden des Anlasses schläfrig geworden war, über die stillen Jahre zurückschweiften, und Er verfiel in eine halb bewusstlose Träumerei, ergriff den Faden und webte aus den aufregenden Szenen der Vergangenheit das Panorama eines angenehmen Traums. In seinem Gesang fangen wir die Echos eines Abschieds von seinem Heimatland ein, und indem er in ziellose Gefilde entschwebt, folgt er dem abwegigen Pfad anderer Tage, in denen vage die flüchtigen Phantome von für immer vergangenen Freuden auftauchen.

Wir kennen das Geheimnis eines Traums nicht, aber in Leo Bergins Gehirn erheben sich die grauen Berge, die ruhelosen Meere stöhnen und die Szenen der stets bezaubernden Zelania entfalten sich wie eine magische Schriftrolle. In bescheidenen Worten besingt er die Erinnerungen an frühe Wanderungen, und damit wir durch seine geistigen Glanzlichter zu einem besseren Verständnis der sich entfaltenden Ansichten gelangen können, zitiere ich seine plätschernden Reime:

LEO BERGINS TRÄUME.

SÜßES Zuhause, adieu! Mit mutiger Crew
segle ich über das blaue Meer.

WÄHREND wir springen, fegt das Auge über
die geschwungenen Grenzen der Tiefe.

DIE Tage vergehen, ich schaue und seufze,
aber nichts erscheint, außer Meer und Himmel.

ERBLICKEN! Dort erheben sich unter dem südlichen Himmel
grüne Inseln, die unsere freudige Überraschung begrüßen.

OH! schöne Inseln, auf denen die Natur lächelt
und ins „Danach" winkt.

HIER schöpfte die Fantasie aus Altem und Neuem,
Um der Seele einen erweiterten Blick zu geben.

MIT so milder Luft und wilder Landschaft
überzeugten, führten und lächelten die Schicksale.

Ö! SCHROFFER Gipfel! Ö! Erdbeben-Freak,
hätte ich nur Worte von dir sagen können.

Mit Besen und Bremse nehmen wir
UNSEREN KURS, um den mit Farnen übersäten See zu betrachten.

DIESE Seen, so süß, am Fuße der Berge,
wo müde Fremde, Fremde sich treffen.

DAS Wasser ist blau, mit dem schnellen Kanu.
Wir überfliegen es, um seltsame und neue Einblicke zu gewinnen.

WIR richten den Blick auf die Berge,
dorthin, wo die Schneegipfel den Himmel küssen.

ÜBER tiefe Schluchten, wo Schatten kriechen,
dunkle Wolken sich sammeln, innehalten und weinen.

IN verträumter Stimmung halten wir inne und grübeln:
„Inmitten ehrfurchtgebietender Einsamkeit."

WIR listen auf – ein Brüllen, das über uns kommt,
von Gefahrenszenen, die wir erkunden würden.

DENN ach! der Zauber! der Brunnen des Geysirs,
der die schwefelhaltigen Dämpfe aus der Hölle schleudert;

DAS schleudert mit donnerndem Seufzer in die Höhe,
riesige Felsen, die den wolkenverhangenen Himmel zerschmettern.

ABER hört auf, ihr Banden aus anderen Ländern,
dieses Denkmal der Pracht steht da,

IN der Südsee wurde mit entfalteter Flagge
„Das landschaftliche Wunder der Welt" geschleudert.

WÄHREND wir hier den Plan der alten Natur prüfen,
suchen wir ihr letztes, bestes Werk – einen Mann.

SIEHE! er erscheint! weder Hoffnungen noch Ängste
haben seine Seele all die Jahre lang gequält.

MIT hochmütigem Stolz – weder Priester noch Führer –
regierte er das Land, wie es ein Krieger versuchte.

HIER GABEN tapfere Häuptlinge, hier König und Sklave
ihr Leben dem Krieg und Raubzügen hin.

HIER hatte die düstere Magd keine Angst davor,
sich dem Kampf anzuschließen, weder im Gehölz noch auf der Lichtung.

MIT wallendem Haar und seltener Schönheit
lockten diese Mädchen tapfere Herzen.

ALS die wilde Schönheit einen Häuptling betörte,
blickte er in flüssige Augen und lächelte.

LIEBE schafft Wiedergutmachung und verbindet oft
wild verfeindete Fraktionen zu Freunden.

DOCH trotz ihres starken Willens und der Fähigkeiten ihrer
Stammesangehörigen
waren die Maori immer noch unbesiegt.

WO die freundliche Natur den Geist entfaltet,
ist der Mensch zu edleren Gedanken geneigt.

OBWOHL er mutig ist, ist er sanftmütig; Er hilft den Schwachen
und sucht hohe Kameradschaft.

IM gesellschaftlichen Zug, mit der Hand und mit dem Verstand,
gewinnt Er und hält einen riesigen Herrschaftsbereich.

ER baut einen Staat auf; Es ist schwach oder groß,
es basiert auf Liebe oder fördert Hass.

WENN die Augen der Weisheit den Himmel überblicken,
bevor ihre magische Berührung entsteht

INDUSTRIELLE Kunst, wo treue Herzen
kommerzielle Märkte erziehen und füllen können.

WENN die Münze der Wahrheit stark und gerecht und dem Vertrauen treu
ist, kann sie niemals rosten;

UND weise Männer sehen, dass niemand frei ist,
außer dort, wo große Gleichheit herrscht –

WO das Gesetz es befiehlt,
sollen starke Hände das Land frei bewirtschaften;

KEIN feiger Sklave, sondern frei und mutig,
wird immer bereit sein, zu retten.

SO ehrlich ist der Wert auf der ganzen Erde,
die Bedingungen machen ihn sogar größer als die Geburt.

DAS Schicksal sagte, diese Inseln müssen warten,
die Erbauer eines idealen Staates.

DANN KAM DER BRITE mit der Brise, über die Südsee,
mit hohen Befehlen.

NEUE Szenen entstanden, alte Wunden schließen sie,
und zwischen alten Feinden herrscht Freundschaft.

DENN der Hass der Maori wurde durch Geschick und – „Schicksal" –
in den britischen „Staat" integriert.

VEREINT und frei stimmen sie nun darin überein,
in Frieden zu leben – „So sei es."

DANN von diesem Mann, und wenn wir können,
werden wir seinen mystischen Plan in die Tat umsetzen.

DENN es scheint klug, selbst in unseren Träumen
prophetische Themen mit Bedacht aufzubauen.

DANN lasst uns den Seher und den Weisen beurteilen,
während sie die mystische Bühne des Lebens überwinden.

ERSTENS kann man von den Toten sagen:
Obwohl ihr Herz warm und ihr Kopf kühl war,

SIE sahen das Neue, und obwohl es nur wenige waren,
legten sie starke und wahre Fundamente.

DARAUF kann man ohne Angst
diesen Tempel errichten, der hier so imposant ist.

MIT erhabenen Worten, in Prosa und Reimen
lehrten sie für immer.

DANN kam Seddon, ohne dessen Namen
dieser Tempel ein unvollendeter Rahmen wäre.

ABER unter seiner Obhut, mit anmutiger Miene,
erhob sich die Struktur, mit schönem Finish.

SEIN kräftiger Schlag erweckte die Zeiten,
als er die Regeln der Tradition brach.

Mit willigen Herzen und starken Händen streute er Banden ÜBER das Land
.

ZU denen, die einst von Unzufriedenheit zerrissen waren,
sandte er eine gerechte Gerechtigkeit.

JETZT über dem Staat
konnten weder Angst noch Hass einen kleinen oder großen Begleiter
finden.

SCHAUEN SIE über das Land, vom Gipfel bis zum Strand.
Überall ist Glück.

HIER RÜHMT SICH ZEALANIA mit seltenen, überaus schönen Städten
mit bescheidenem Flair.

AM Abend oder im Morgengrauen blicken wir auf
das geschäftige, „verwehte" Wellington.

HIER warten großartige Produkte für Schiffe,
und hier ruhen die Staatsgewalten.

HIER , Gründungsgesetze, aus mächtigem Grund,
Der Staatsmann zieht lange die Sitzung.

HIER FINDEN bescheidener Wert und heimelige Fröhlichkeit
mehr Respekt als Rang oder Herkunft.

DA IST auch Auckland – zwischen mir und dir –
ein wunderschöner Ort, der von nur wenigen übertroffen wird.

RUND UM diese schöne Bucht bemühte sich die alte Natur,
die wankelmütigen Taten Jupiters zu zeigen.

VULKANISCHER Rauch brach in Wut auf,
bis alle Himmel erwachten.

ALS der Himmel geklärt war, entstand
ein Sitz für das irdische Paradies.

AM Fuße der Berge, wo Lava aufeinandertrifft,
liegt Auckland, ruhig und süß.

MIT den Meeren vor ihr, direkt vor ihrer Tür,
wo stolze Schiffe für immer segeln.

WIR stellen mit Vorsicht fest, dass es mit Christchurch
nur wenige gibt, die sich sicher vergleichen lassen.

AUS GRÜNDEN des Rassenstolzes und der sozialen Anmut
nimmt sie einen hohen und ehrenvollen Platz ein.

„MITTEN IN der fruchtbaren Ebene wogenden Getreides
suchen wir vergeblich nach einem schöneren Ort."

HIER Seele und Gehirn; hier, Magd und Diener,
pflegt eine reine Kameradschaft.

DUNEDIN liegt auf einem bevorzugten Land
zwischen hohen Bergen und Meeressand.

AN DER Stelle der Schönheit
hat der „schlaue Schotte" sein stets glückliches Los geworfen.

MIT Geschmack und Geschick
erreicht Dunedin vom Felsen bis zum Bach den ganzen Hügel.

MIT freier Sicht – auf der Leeseite –
blickt Dunedin über das Meer.

VIELE weitere, zwischen Hügel und Ufer,
sind der Überlieferung des Dichters würdig.

OBWOHL ich hart suche, sind die Worte schwach, um
jetzt von edlerer Schönheit zu sprechen.

WÄHREND Städte mit seltener Schönheit
von Menschen mit viel Sorgfalt erschaffen wurden,

DAS Tal, die Schlucht, der See, das Moor
wurden von Ihm geschaffen, der die Menschen erschafft.

DIE Getreidefelder, wo ehrlicher Mann
ehrliches Brot verdient, winken nicht umsonst.

IM Westen und im Osten
warten sowohl Mensch als auch Tier darauf, an Zealanias Fest
teilzunehmen.

UND aus allen Ländern
werden durch geschickte Hände weiße Segel für die australischen Strände
gespannt.

HIER WIRD feinster Weizen von vielen Flotten
geschickt, um den ausländischen Märkten entgegenzukommen.

UND feinstes Vlies – im Krieg oder im Frieden –
scheren sie, um den Reichtum zu vermehren.

MIT erlesenstem Fleisch, sowohl selten als auch süß,
konkurrieren sie im „Merry England".

AUF dem Bauernhof oder bei mir, bei Essen oder Wein,
um die Anführer zu führen, die sie neigen.

MIT Geschick wickeln sie die Fäden der Arbeit
um die Reichtümer des Bodens.

UND um Gewinn zu machen,
unternehmen sie große Unternehmungen.

NUN , nah und fern haben wir uns hier versammelt,
und alles in allem scheint es so

DASS ES HIER höhere Ziele und edlere Seelen
gibt als anderswo zwischen den Polen.

NUN wach auf, meine Muse, weigere dich nicht,
„meiner Gastgeberin" ehrliche Schulden zu zahlen.

DAMEN mit schöner Schönheit und seltener Schönheit
.

UND ein süßeres Lächeln werden wir nie treffen,
bis wir uns vor Peters Füßen verneigen.

ERWACHE wieder und höre zu, wenn
du die starken Männer Zealanias erblickst.

ES so geschrieben, dass nur große Menschen
diesen edlen Staat bilden könnten.

DANN singe für alle, groß und klein,
jeder an seinem richtigen Platz, damit niemand fallen kann.

DIE Träume der Seher, die Hoffnungen und Ängste,
haben sich in den stillen Jahren angesammelt,

UND auf diese Inseln wurden mit strahlendem Lächeln
die gehorteten „Danach" geworfen.

ZEALANIA, schöne, du bist der Erbe
aller Schreie des alten Gebets.

HIER SIND starke Truppen mit großzügigen Händen
die Wächter dieser bevorzugten Länder.

DANN grüße dich dreimal – lass dies genügen,
Du bist das Paradies der Schöpfung.

OH! Schweben Sie davon – wie Nebel im Mai,
oder regenbogenfarbene Gischt mitten im Ozean.

„ICH WACHE auf und spüre – bitte nichts für ungut –
verzeihen Sie meine schläfrige Trägheit."

Nun, das ist in der Tat hübsch; Aber lassen Sie uns von Leos Fantasien zu den Fakten von Herrn Oseba hinabsteigen, und während ich mich bemühen werde, eine Würze von Herrn Osebas Reichtum, Zeit und der Liebe zur Leichtigkeit zu bewahren, flüstern Sie überzeugend von den Tugenden des blauen Bleistifts.

Mit lebhafterer Beredsamkeit nahm Herr Oseba seine Rede wieder auf. „Das Publikum", sagt Leo Bergin, „hat die größte Aufmerksamkeit geschenkt."

„Wissen", sagte Herr Oseba, „ist ein unschätzbarer Schatz, aber", fuhr er lächelnd fort, „so manche gute Geschichte wurde durch übermäßige Neugier verdorben." Die poetische Fantasie leidet unter Flirts mit der Sache und dem Gewissen. Sofern die Nachforschungen nicht gründlich durchgeführt wurden, meine Kinder, ist es in den meisten Fällen klüger, Eindrücke zu notieren, als davon auszugehen, Fakten aufzuzeichnen. Deshalb werde ich Ihnen nur einen Blick aus der Vogelperspektive auf diese bezaubernden Inseln mit ihren Charakteren geben erschien vor der visuellen Kamera, als ich meine Beobachtungen machte.

„Hätte ich unter den Müden von Zelania herumgeschnüffelt, hätte ich zweifellos viele hervorragende Leute gefunden, die in irgendeiner Phase der Untersuchung die Richtigkeit meiner Schlussfolgerungen in Frage gestellt hätten. Ich hätte vielleicht ein paar Seufzer inmitten der fast allgemeinen Freude gehört – ein paar Lächeln bei den allgemeinen Glückwünschen und ein paar misstönende Stöhnen, vermischt mit dem großzügigen Applaus –, aber wo die Interessenvielfalt nicht ausreicht, um geistige Spannungen hervorzurufen, ist die Gefahr des Zerfalls größer als von der Revolution.

„Ja, ich neige zu der Annahme, dass ich, wenn ich an der Ecke gestanden und zugehört hätte, ein paar wohlhabende Herren getroffen hätte, denen die Grundsteuer nicht gefiel; einige Geschäftsleute, denen die Arbeitsgesetze nicht gefielen; einige Bauern, die freie Fahrt und keine Miete wollten; einige patriotische Männer, die viele von „Richards" Vorgehensweisen nicht bewunderten. Ich hätte auch gesunde Herren aus der „Heimat" finden können, die, obwohl sich ihre Lage durch ihr Kommen verbessert hat, wenig Sympathie für „die Kolonialherren" empfinden und aufgrund ihrer mangelnden Bereitschaft, die wahre Situation zu erfassen, jede Aussage als Tatsache betrachten als Extravaganz und jede Vorwärtsbewegung als Revolution. Dann hätte ich es für notwendig erachtet, nachzufragen, inwieweit diese Kritik auf private Interessen, auf niedergeschlagenen Ehrgeiz, auf Partei- oder Fraktionsvorurteile oder auf Meinungsverschiedenheiten darüber zurückzuführen war, wer den prominenten Vorsitz am besten bekleiden würde.

„Dazu hatte ich weder Zeit noch Lust. Der Mensch kann zweideutig sein, kann sogar lügen, heißt es, aber sichtbare Umstände täuschen niemals einen beobachtenden Fremden, und als ich die kurze Geschichte dieses Landes betrachtete und seine frühe soziale und politische Politik mit der gegenwärtigen freien, glücklichen und wohlhabenden Situation verglich, wurde mir klar: hatte wenig Wert darauf, private Beschwerden oder öffentliche Kritik auszudrücken.

„Mir ging es nicht um die Gehälter der Staatsbediensteten, sondern um den Charakter des öffentlichen Gewissens; Es ging nicht darum, wer das Staatsschiff vorerst führte, sondern darum, wie die Passagiere und die Besatzung an ihr Ziel gebracht wurden.

„Auf einer einsamen Anhöhe, weit weg von der murrenden Menge, richtete ich mein Glas und notierte meine ‚Eindrücke‘, ohne die Flüssigkeiten zu probieren, aus denen die Bühnenschauspieler ihre Inspiration schöpften.“ Sie waren wohlwollend, und wenn ich nichts Schlimmeres begangen habe, als die Fehler derjenigen, die sie selbst als Zirkusdirektoren der Aufführung ausgewählt hatten, nicht zur Kenntnis genommen zu haben, dann glaube ich, dass die Zelanianer es nicht bereuen werden, dass ich sie „entdeckt“ habe.

„Da die Schönheiten von Zelania bisher die Kräfte des Pinsels des Malers und die Metapher des Dichters übertreffen, erweist ich ihr in bescheidener Sprache meine Bewunderung.“

IN STILLEM STAUNEN.

„In landschaftlichen Wundern präsentieren diese verspielten Inseln eine eigentümliche Reihe aufregender Reize, die die Sehnsüchte derjenigen, die andere Länder besucht haben, am besten zu befriedigen scheinen.

„Geografisch gesehen ist Zelania wunderschön isoliert, da jeder Strand von mehr als tausend Meilen Meer umspült wird. Seine Grenzen sind so unregelmäßig und von Buchten, Häfen und Buchten durchzogen, dass seine Küstenlinien eine Länge von über 4.000 Meilen haben und in der Höhe vom Meeresufer bis zu den Wolken reichen.

„Konfigurativ ist es milder als ein Traum und topographisch bietet es einen äußerst romantischen und angenehmen Aspekt. An landschaftlicher Schönheit können die Inseln Griechenlands, die Seen Irlands oder die „Täler des Kaschmirs“ es nicht übertreffen, und in der beeindruckenden Wildheit seiner Bergpracht kann es mit den edelsten Landschaften Norwegens oder Alaskas mithalten.

„In ihrer kühnen Pracht sind die glazialen Herrlichkeiten der Schweizer Alpen ein zahmer Vergleich, und ihre Geysire, ihre kochenden Seen, ihre

tosenden Schlote aus unterirdischen Feuern, ihre Hunderte von sprudelnden
Kesseln, ihre Grotten und Wasserfälle könnten nicht übertroffen werden,
wenn das alles so wäre Der Rest von Oliffas Wundern wurde
zusammengetragen und ausgestellt – solch eine Ansammlung von
Kuriositäten hat die Natur der jungen Zelania in den Schoß geworfen.

„Als die Natur Oliffa, meine Kinder, erschuf, hegte sie den schlauen Vorsatz,
ihr Können in der Blüte der Ausbildung unter Beweis zu stellen. Während
sie in ihrem Labor geschickt andere Länder formte und temperierte, warf sie
vor diesem Hintergrund die ausgewählten Materialstücke beiseite und
machte sich Notizen zur „Wirkung". Dann, nachdem sie den Rest beendet
hatte und sagte: „Seht, es war sehr gut", warf sie einen Blick auf die
Galeriegötter und sagte: „Jetzt seht mich an!"

Waimangu-Geysir. – Semiquieszierend.

„Dann, wie der Bildhauer, der viele Modelle für eine Figur hat – eines, von
dem er den vollkommensten Arm nachahmen kann

, eines die Hand, ein anderes das Knie und noch eines für den Fuß –, so
wählte sie aus dem vollkommensten von allen aus Ihre früheren Werke
wurden jedes Mal verbessert, und in ihrer glücklichsten Stimmung
gestaltete sie Zelania und verankerte sie in diesen südlichen Meeren. Dann
lächelte sie und machte eine *Siesta* ."

Der Waimangu-Geysir erreicht eine Höhe von 1500 Fuß. Das zweite Weltwunder.

„Geologisch gesehen", sagte Oseba, „ist Zelania ein uralter Erdhaufen, aber hier sind all die Spiele, die die muntere Natur in ihrer ungestümen Jugend gespielt hat, bevor ‚Atlantus' aus dem Schoß des Ozeans sank, bevor das Mittelmeer durch die Säulen des Herkules brach, Bevor Sonne und Wind das Wasser aus der Sahara tranken und möglicherweise bevor der große Chimborazo entstand, steht sie immer noch auf der Bühne, um Götter und Menschen zu erbauen oder zu erschrecken."

„In Rotorua, diesem Treffpunkt der Feen und Unholde, kann der Mensch mit der Natur spielen, so wie es die Gottheiten einst mit den Töchtern der Menschen taten; während man am Waimangu, dem mächtigsten Geysir der Welt, sicher in nur wenigen Metern Entfernung stehen und eine Szene voller

Ehrfurcht betrachten kann, die jedes Bewusstsein verbannt – außer dem der Angst und der Macht.

„Am Straßenrand zu stehen und zuzusehen, wie dieser Hektar dunkle Welt tausend Fuß in die Luft geschleudert wird, ist eine Reise um diesen kleinen Globus wert. Die Sprache vermittelt nur einen schwachen Schimmer menschlicher Leidenschaft, und jeder Versuch, diese Szene zu beschreiben, bringt nur ein erbärmliches Bewusstsein menschlicher Schwäche hervor. Beim Anblick dieser gewaltigen Erschütterung stehen selbst die Gedankenlosen regungslos und stumm da, und da Milton tot ist, wird Waimangu niemals mit Worten beschrieben werden können.

„Die unzähligen Bergseen, die wilden Fjorde – aus deren tiefen Tiefen man nur selten die Sonne sieht – die schattigen Einsamkeiten, die so schmerzhaft still sind, dass man vor einem schaurigen Gefühl der Einsamkeit schaudert, und die leicht zugänglichen Gletscher und Wasserfälle – viele davon mit ... Stürze von über tausend Fuß, die den Alpenreisenden in Erstaunen versetzen – begeistern und den Betrachter in Erstaunen versetzen.

„Aber für jemanden, der Spaß an der Waffe und an der Rute hat, gibt es so verlockende Gelegenheiten, die Aufmerksamkeit abzulenken, dass die Fantasie sofort Entspannung findet und so Körper und Geist im Laufe der Szenen und Tage an Kraft gewinnen.

„Dann können Zelanias Wunder mit Leichtigkeit, Komfort und vollkommener Sicherheit besichtigt werden. Ihr Zorn richtet sich auf ihr gutes Benehmen, und bis auf die Grenzen ihrer Schrecken sind ihre Erscheinungen so heiter wie der azurblaue Himmel des Himmels. Ihre Berge werden selten durch die Tosen des Pluto gestört, ihre großen Geysire sind kraftvoll, aber nicht gefährlich unberechenbar, und ihre kochenden Quellen sind so angenehm, dass sie aus nächster Nähe untersucht und sicher beobachtet werden können.

„Zelania, du bist bei weitem das schönste Land, das
jemals vom Schicksal geträumt oder von der listigen Hand der Natur
erzogen wurde. Du hast himmeldurchdringende Gipfel, gekrönt mit
ewigem Schnee, tausend kochende Kessel, die von unten erhitzt werden.
Du' Fünf Gletscher, die die alpine Landschaft in den Schatten stellen, und
Fjorde, die wilder sind, als Norwegen zu bieten hat. Als es geformt wurde,
sah Gott es an und lächelte.

„Dass die Natur dieses Land in frühen geologischen Zeiten eher rücksichtslos verwaltet hat, ist völlig offensichtlich, aber abgesehen von der Aktivität der Geysire und kochenden Seen – die zur Belustigung der Besucher spielen – und dem gelegentlichen Aufschrei, wenn eine große

Persönlichkeit zu nahe an den Rand tritt, *terra* ist seit der Beauftragung der jetzigen Geschäftsführer Anfang der 90er Jahre zufriedenstellend *stabil*.

„In jeder natürlichen Beschaffenheit ist dies ein Land von grenzenloser Vielfalt. Das Klima variiert von Finnland bis Italien; und in der Produktion, durch intelligente Transplantation, sind die meisten Notwendigkeiten des zivilisierten Lebens vorhanden."

Hier heißt es in den Notizen, dass die Dichterin Vauline gefragt habe, ob Herr Oseba in seinem Bericht nicht einige dieser wunderbaren Szenen detailliert beschrieben habe. Mit ehrfürchtiger Miene antwortete der Weise:

„Nein, meine Kinder, das zu versuchen hieße, die Gabe und den Redner zu entweihen. Nur wer diese Wunder sieht, kann sie schätzen. Bei der Konfrontation mag eine sensible Seele die Größe des Unendlichen spüren, aber durch einen Dolmetscher scheitern alle Versuche. Als ich eine Szene betrachtete, legte ich den Kopf auf und senkte schweigend meinen Kopf. [A] Worte! sie waren bedeutungslos."
Ja, und ich werde Herrn Oseba helfen, denn ich habe diese Dinge beobachtet und irgendwo gelesen, wie etwas „hineinstürmt", bei dem selbst die Engel zum Zögern neigen.
Der Maler kam!
Er verschränkte die Arme, hob den gesenkten Kopf und blickte schrecklich nachdenklich.
Er stand in einem verzückten Traum; „Oh Gott, wenn ich diese Szene begreifen könnte, wäre der edelste Ruhm, der je durch Mühe erkauft wurde, mein!" Mit eifriger Hand umklammerte er den Pinsel. Mit besorgtem Blick blickte er. Siehe! Das Auge verdunkelte sich, das Gehirn schwankte, die Hand sank, und mit einem Seufzer ließ er den Pinsel fallen. In tiefer Verzweiflung drehte er sich um und sagte: „Ach, auf Wiedersehen! Es ist ein unbemaltes Bild." Ihr Götter der Einsamkeit, lebe wohl!"
Der Dichter kam!
Mit wallendem Haar, blasser Stirn und nervösem Schritt kam er hierher, um über die
gewaltigsten Werke der Natur zu grübeln, um die Schönheiten aus dieser Einsamkeit zu entreißen und diese wundersamen Szenen in mystischen Reimen für den Blick gewöhnlicher Sterblicher zu weben. Begeistert ergriff er sie Sein Füller. Anon schrieb er – ich glaube, er schrieb zum Lob. Dann stand er nachdenklich da und sagte murmelnd: „Worte passen gut zu den Liedern des Minnesängers, aber es ist ein ungeschriebenes Gedicht, um die Seele durch endlose Tage zu verführen."
Der Narr kam!

Er lächelte. Mit sich selbst schien er gut zurechtzukommen, als jemand, dem die Welt gehörte.

In scherzhafter Rede rief er: „Das gehört uns!“ und in gespielter Eile entfaltete er seine Flagge. Auf einem alten Baumstamm ruhte er. Er lacht, er scherzt und plaudert. Siehe, er schaut! Es ist ein Streichholz; Er bringt Schwuchteln, er zündet ein Feuer an – eine Mahlzeit zum Kochen. Er sagt: „Außergewöhnlich! Ist das nicht großartig? Bei Gott! alter Teufel, ich schreibe ein Buch.“ Dann fallen Worte wie Schneeflocken – wie Schneeflocken in einem Bach.

Ein Exkurs.

„Nun, meine Kinder“, sagte Oseba, „erlauben Sie mir, auf der Grundlage meiner Studie bei den Outeroos einige Beobachtungen zu machen, die für das untersuchte Land gelten werden.“

„Denken Sie daran, dass alle Begriffe, die Qualität ausdrücken – wie gut und böse, richtig und falsch, Wahrheit und Irrtum – relativ sind und die Definition für jeden Einzelnen von seiner Umgebung abhängt, da sie Menschen betreffen. Tatsächlich handelt es sich bei den Regeln, die diese Ideen zum Ausdruck bringen, größtenteils um Fiktionen, die von der Gesellschaft für ihre eigenen Zwecke aufgestellt wurden, aber in ihrer allgemeinen Anwendung muss ihnen ein beträchtlicher Spielraum eingeräumt werden.

„Ein Land ist gut oder schlecht, wenn es die Möglichkeit bietet oder verweigert, seinen Lebensunterhalt zu verdienen und die geistigen Fähigkeiten durch angemessene Anstrengungen zu entwickeln; und eine Regierung ist gut oder schlecht, wenn sie solche Möglichkeiten und Bestrebungen vorenthält oder fördert. „Wenn die Weisen regieren, freut sich das Volk“ – selbst in den kargen Gegenden. Es handelt sich – nun ja, es handelt sich größtenteils um „graue Substanz“. In der Regel war die Natur bei der Verteilung ihrer Segnungen nicht geizig. Und in der Regel bezieht sich der Begriff „gut“ oder „schlecht“, wenn er auf ein Land angewendet wird, weniger auf den Boden als vielmehr auf die Gesellschaft. Es geht um Hochschule *gegen* Kanone oder Forschen *gegen* Leichtgläubigkeit. Unter einer Herrschaft gütiger Gerechtigkeit kann aus einem kargen Boden ein irdisches Paradies entstehen, während Bigotterie, Krieg und Unterdrückung das schönste Tal zur Hölle machen werden.

Die Götter wunderten sich, und Viehnu sagte zu Bel:
„Mit sieben Weisen sollst du in die Hölle kommen, oder mit fünf Narren ins Paradies.“ „Gib mir“, sagte Bel, „die Hölle mit den Weisen, denn das ist der Himmel.“ wo sie wohnen,Während Narren den Himmel selbst zur Hölle machen würden.'

„Das Subjekt, meine Kinder, trägt immer das Bild des Gesetzes, der Ausdruck der Sitte, und die Sitten werden durch List zur Herrschaft der

Leichtgläubigkeit etabliert. Nach Brauch wird man als Besitzer vieler großer Äcker geboren; und nach der Sitte: Zehntausende schuften, ohne zu genießen, damit einer ohne Mühe genießen könne. Aber die Natur lässt sich normalerweise frei von den Plänen des Menschen beeinflussen. In einem riesigen, eintönigen Land ist Despotismus ein übliches Regierungssystem, und die Natur lässt keine Veränderung zu. Der Anführer wird zum Häuptling, der Häuptling wird zum Monarchen, der Monarch wird zum Despoten und der Despot zum Gott.

„Im Gegenteil, in einem kleineren Land mit vielfältigen Aspekten, gegliederten Küstenlinien und Uferpromenaden, skalierbaren Bergen und unregelmäßigem Klima schlägt die Natur vor: Veränderung." Eine heilige Unzufriedenheit entsteht, der Despot wird zum konstitutionellen Monarchen, ein Parlament dient dem Volk, ein Kabinett berät den König; und dann, während Berge Freiheit und Meere Abenteuer suggerieren, werden entfernte Kolonien, in denen Bräuche und Präzedenzfälle ignoriert werden, nach Linien im Einklang mit den Umweltbedingungen gegründet.

„Die menschliche Freiheit, meine Kinder, erringt selten einen Sieg in einem alten, wohlhabenden, bevölkerungsreichen und gut etablierten Land oder einer alten Regierung. Unter solchen Bedingungen wird die Gesellschaft konservativ; Die Herrscher lieben die Macht, die Schlauen wollen keine Veränderung, die Reichen sind zufrieden und die Menschen, die sich an die unveränderlichen Bedingungen angepasst haben, sind „loyal" und zufrieden.

„Darüber hinaus ist jede Niederlage des Despotismus, jede Verschanzung auf dem ‚göttlichen' Territorium, jeder Sieg der menschlichen Freiheit den ruhelosen Bewohnern der Uferpromenade zu verdanken; Und denken Sie daran, trotz aller fortschrittlichen Bewegungen aller Zeiten und dessen, was die Jahrhunderte moderne Zivilisation nennen, ist die Welt dem kolonialen Unternehmertum zu verdanken, das auffälligerweise von Phönizien, Griechenland und dem modernen Großbritannien angeführt wird."

ZURÜCK NACH ZELANIA.

„Aber lasst uns, meine Kinder", fuhr Oseba fort, „zu Zelania, der erlesensten, letzten und erfolgreichsten Anstrengung der Natur, zurückkehren und dorthin, wo diese Prinzipien gelten." In ihrer geographischen Lage, ihrer Konfiguration, ihrem Boden und Klima bietet sie dem Menschen alles, um die Faser zu stärken, die Wahrnehmung zu beschleunigen und die Vorstellungskraft zu stärken.

„Sie hat das Klima, die Fruchtbarkeit, die Produktion, die malerische Schönheit Griechenlands und alles in größerer Vielfalt."

Hier führte Oseba sein Publikum zu einer äußerst interessanten Untersuchung über den Einfluss des Klimas auf die Entwicklung eines

Volkes. Er sagte, der Mensch sei Teil der Natur und stark mit ihr verbunden und könne sich dem Einfluss seiner Umwelt nicht entziehen.

In den tropischen Binnenregionen verleiht die Natur ihren Menschen eine schwarze Haut und schwarze Haare, und als Scherz macht sie normalerweise die Nase flach. In ausgedehnten Binnenland- und warmen Regionen ist die Hautfarbe gelbbraun, das Haar schwarz oder gelbbraun und die schrägen Augen lenken die direkten Lichtstrahlen ab.

„Außerdem", sagt er, „sind die Menschen auf Inseln oder am Meeresufer heller gefärbt als diejenigen im Landesinneren, und nicht nur die Gesichtsfarbe des Menschen, sondern auch seine körperlichen Proportionen, seine Statur und sein Temperament werden durch die klimatischen Bedingungen verändert." In den Binnenländern nehmen die Menschen nach und nach einen Typus an – sie sind geschmeidig und eher kleinwüchsig und sich so ähnlich, dass sie in die gleiche Form gegossen zu sein scheinen; Während diejenigen, die auf Inseln entlang der Küste oder in den Bergen leben, robuster sind, unterscheiden sie sich stärker in Körperbau, Größe und Geschicklichkeit, und sie sind geistig neugieriger, waghalsiger, ungestümer und mutiger."

Er sagte, dass auf den britischen Inseln bei weitem die robustesten, männlichsten, impulsivsten und unternehmungslustigsten Menschen auf Oliffa lebten. Natürlich hatte die Rasse viel mit modernen Bewegungen zu tun, aber die früheren klimatischen Bedingungen des Landes brachten die Rassenunterschiede hervor.

Die Moa von Maoriland. Das Skelett dieses besonderen Moa ist etwa 12 Fuß groß. hoch und ist eine merkwürdige, aber wesentliche Tatsache, aber da die Moa, die Dinornis — wie die Gelehrten sie nennen — sich endgültig aus Neuseeland zurückzogen, möglicherweise bevor die Maoris kamen, sind das Gefieder und die Fülle das Werk des künstlerischen Naturforschers.

„Nach der Herrschaft der Natur", fuhr er fort, „sollte Zelania, wenn sie von vornherein über den richtigen Bestand an Hautfarbe, Form, Gesichtszügen, Temperament und geistiger Begabung verfügt, den besten Typ Mann und Frau auf dem Planeten hervorbringen." "

Er verglich die Maoris mit den Ureinwohnern im Inneren Australiens und sagte, beide seien durch ihre Umgebung verändert worden.

Hier bemerkte Leo Bergin, dass Herr Oseba von seiner „kolonialen" Erfahrung sicherlich sehr angetan und beeindruckt war. Es ist jedoch nicht unwahrscheinlich, dass Herr Oseba während seiner Reise durch Neuseeland genügend Höflichkeiten erhielt, um ihn von der unvergleichlichen Gastfreundschaft der Menschen tief zu beeindrucken.

„Aber genug", sagt Leo Bergin, „mein Meister verdient meine ganze Aufmerksamkeit", und in den Notizen heißt es:

„Aber lasst mich zurückkehren, meine Kinder, und das Thema Zelania aufgreifen, denn in ihr – bei meinen Touren über ihre romantischen Inseln – habe ich Balsam für alle meine früheren Enttäuschungen gefunden.

„Zelania hat sich bei ihren Bemühungen, Leben zu schaffen, sicherlich nicht die Seele gequält. In der Botanik ist sie nicht artenreich; Bei den Säugetieren ist sie eher mit dem mehr als sechstausend Meilen entfernten Südamerika verwandt als mit dem zwölfhundert Meilen entfernten Australien, was meine Überzeugung rechtfertigt, dass dieses Vorbild der Schönheit ein Nachgedanke der schöpferischen Kraft war.

„Unter den Säugetieren gibt es nur eine kleine Ratte – einen armen kleinen Schwächling, der noch nicht gezähmt wurde oder noch nicht gelernt hat, bei den Menschen zu leben – und zwei kleine, halb entwickelte Fledermäuse. Unter den Reptilien gibt es ein paar faule Eidechsen, aber ob irgendein „Patrick" oder „Denis" sie verbannt hat, kann ich nicht sagen; aber Schlangen gibt es nicht."

Er sagte, es gäbe einige Landvögel, aber da es keine Tiere gebe, die ihnen „Angst machen" könnten, hätten die trägeren Vögel ihre Flügel verloren und ihre natürlichen Eigenschaften hätten sich verändert.

Der Moa war vor einiger Zeit wahrscheinlich ein ziemlich respektabler Vogel, aber da es keine Gefahr gab, vor der er „fliehen" konnte, und keine langen Flüge zur Nahrungsbeschaffung, warf er seine Flügel ab und stolzierte umher, bis seine Knochen so schwer wurden wie die von Moa ein Rentier, und es streckte seinen Kopf empor, bis es zwölf Fuß hoch war. Aber da es weder Sorgen noch Ängste, keine Ängste oder Ambitionen hatte, gelang es ihm nicht, „graue Substanz" zu entwickeln. Als die Maori kamen, „ergab es sich", und nachdem es sowohl sein Fleisch als auch seine Flügel abgenommen hatte, ruht es nun in der Natur Museen. Ohne die Rute oder den Dutt scheint es keine Anstrengung zu geben, und ohne Anstrengung scheint es bei jedem erschaffenen Ding kaum Fortschritte zu geben.

DIE MAORIS „ENTDECKT".

„Und der große Gott Morduch hob die Erde aus ihrem Wassergrund und
bevölkerte ihre Ufer nach seinem Willen."

Da Oseba offenbar beabsichtigte, seinen Diskurs in einer vorgegebenen
Reihenfolge fortzusetzen, widmete er hier den Maoris, den Ureinwohnern –
oder sogenannten Ureinwohnern – Neuseelands, interessante
Aufmerksamkeit.

Der Redner beschrieb die Maoris auf seine unnachahmliche Art mit
amüsanter Ausführlichkeit. Er nennt sie eine schöne Rasse romantischer
Wilder, deren Körperbau zweifellos durch das gewinnende Lächeln von
Zelanias Klima und ihre allgemeinen Erscheinungen erheblich verbessert
worden sei; denn es heißt, dass sie dort seit 500 Jahren herumlungern. „Ein
großes, schweres, dunkelbraunes Volk sind diese Maoris, die in ihrer eigenen
malerischen Tracht oft anmutig und edel wirkten. Während sie ungezähmt
sind, sind sie mutig und wild, aber wenn sie zivilisatorischen Einflüssen
ausgesetzt sind, sind sie normalerweise liebenswürdig und träge."

Viele der jungen Frauen waren sehr hübsch und die Kinder waren geistreich
und bewegungsfreudig. Er glaubte nicht, dass das Tätowieren der
Unterlippen der Frauen ihre Schönheit wirklich verbessert hatte. Viele der
Mischlinge waren sehr intelligent, und nicht wenige hatten sich in der Politik
und anderen „Berufen" einen hervorragenden Ruf erworben. Viele von
ihnen verfügten auch über eine erhabene Gabe des „Gab", und diese
Eigenschaft wird geteilt – sogar von den Männern.

Intellektuell waren die Maoris, dachte Oseba, jedem anderen gezähmten
Wilden überlegen; aber wie andere Barbaren lernten und akzeptierten sie,
wenn sie mit der Zivilisation in Kontakt kamen, die Laster eher als die
Tugenden. Dies war in allen zivilisatorischen Bewegungen spürbar. Oseba
bemerkte, dass bei den Outeroos oft beobachtet wurde, dass die
„christlichen Laster" sie töteten, wenn sie von solchen Menschen sprachen.

„Das", sagt er, „war natürlich, denn während es Zeit braucht, den ‚Brüdern'
die wirklichen Vorteile beizubringen, die sich aus der Ausübung christlicher
Tugenden ergeben, bringen die ‚christlichen Laster' ‚unmittelbare Erträge'."
„Du sollst nicht stehlen" gegenüber einem Wilden führt zu einer besonders
unangenehmen Ideenverwirrung, und die Vorteile sind nicht sofort
ersichtlich, aber zwei Drinks Whisky hinterließen selten einen Eindruck.
Dabei handelt es sich um einen der „christlichen Kultur" eigentümlichen
Brauch des „Nehmens".

„Nach den auffälligen künstlerischen Bemühungen und den zahllosen
Auftritten des Fotofreaks in vielen Städten Zelanias zu urteilen, würde ein
Fremder zu dem Schluss kommen, dass die Maoris die ‚überlegene' und

dominierende Rasse seien, obwohl es in der Region nur etwas mehr als 43.000 gibt im ganzen Land, hauptsächlich auf der nördlichen oder wärmeren Insel, und es wird gesagt, dass sie zahlenmäßig und moralisch nahezu stationär sind."

Er erzählte seinem Publikum, dass diese Maoris, als sie ursprünglich entdeckt wurden, eine robuste, mutige und ziemlich überlegene Rasse von Wilden waren; dass der Krieg das einzige Argument war, das ihr perverses Gewissen ansprach, und er zitierte einen bewundernden neuseeländischen Dichter, um den „liebenswürdigen" Heldenmut der Maori-„Damen" zu beweisen.

„Eine Frau, geformt für Süße, für Liebe und zärtliche Kunst.
Hier zeigte sich der Tigerinstinkt, das harte und rücksichtslose Herz. Ihre Aufgabe war es im Kampf, die verwundeten Tapferen zu töten und die stinkenden Leichen für das Fest zu kochen beendete den Streit."

„Ja, die Maori-Frauen waren mutig, sehr mutig, aber meine Kinder, in ganz Zelania gab es keine Maus.

„Von diesen Maoris gibt es mehrere Stämme", sagt er, „die, wenn sie vom lästigen Joch des ‚weißen Mannes' befreit sind, normalerweise damit beschäftigt sind, sich gegenseitig zu töten und zu schmoren und neben dem Schnitzen ihrer gekochten Brüder und Schwestern mit ihren Grünsteinspaltern auch andere Stämme zu schnitzen." Sie hatten ihre eigenen Gesichter und übten sich viel in der Holzschnitzerei. Obwohl die Verarbeitung ordentlich ist, mangelt es offensichtlich an Augenmaß, was den Kenner ebenso belustigt wie den Amateur in der Kunst.

„Wie die gewöhnlicheren oder zumindest zahlreicheren und anspruchsvolleren weißen Mitbürger gehen diese Maoris teilweise in die Kirche, in die Schule, in den Getränkeladen und ins Gefängnis, aber wie die Maoris haben sie ein kleines Glaubensbekenntnis." besitzen, gehen sie nicht sehr oft in die Kirche. Aber wenn der Maori weniger in die Kirche, zur Schule und ins Parlament geht, geht er auch weniger ins Gefängnis und ins Hotel als sein anspruchsvollerer weißer britischer Mitbürger.

„Die Maoris sind malerisch, besonders in den beliebteren Touristenorten, wo ihre Anwesenheit dem Anlass eine besonders charmante Romantik verleiht. Der emotionale Tourist – besonders wenn es sich um einen jungen Herrn aus „Heimat" handelt – der von der wachsamen, höflichen und geschwätzigen „Maggie" sicher zwischen den tosenden und explodierenden Geysiren dieses bezaubernden Kompromisses zwischen ehrfurchtgebietender Schönheit und Schrecken, dieser ungepredigten Predigt gesteuert wird , dieses unbesungene Lied, dieses ungeschriebene Gedicht, diesen Abschnitt der Hölle in einem irdischen Paradies, Rotorua, in dessen unheimlichen Gegenden man aus nächster Nähe die brodelnden

Feuer von „Plutos schrecklichem Wohnsitz" sehen, hören und riechen kann, wird er großzügig schätzen Respekt für die Gastfreundschaft der Maori für immer. Unter Maggies wachsamer Führung konnte sich der einfachste Tourist sicher dem gähnenden Mund dieser kochenden Kessel nähern, ohne Leben, Gesundheit oder Appetit zu gefährden; Allerdings besteht die Gefahr, dass die Stiefelsohlen einlaufen, wenn man nicht auf den vorsichtigen Leitfaden hört, und in diesen schwefelhaltigen Regionen fließen „Kuss-Wörter" von frommen Lippen.

„Die Natur", argumentierte Oseba, „war eine Einheit und ist beständig." Sie ignoriert Individuen und strebt, ohne Rücksicht auf die Zeit, nach Universalien. Kein geschaffenes Ding entgeht jemals dem Einfluss der Umwelt. Aber die Natur führt ihre Werke mit den ihr zur Verfügung stehenden Instrumenten aus. Woher diese Maoris kamen, bleibt eine Vermutung, aber da in Charakter, Statur, Proportionen, persönlicher Haltung und geistigen Fähigkeiten kein anderer Wilder auf der Welt mit ihnen vergleichbar ist, müssen sie lange genug in Zelania gelebt haben, um von ihnen verändert und hergestellt zu werden sich den verlockenden Bedingungen dieses wunderbaren Landes anzupassen."

Aber ich muss fortfahren:—

Da es kein einheimisches Getreide oder zähmbare Tiere gab und kein Mensch jemals eine Zivilisation ohne die Hilfe zähmbarer Tiere aufgebaut hatte, konnten die Maori nur Wilde bleiben, aber das Klima und der allgemeine Aspekt der Natur, die besonderen Umweltbedingungen, gaben ihm die Möglichkeit die edelste Seele und der fruchtbarste Intellekt, die jemals im Gehirn eines Barbaren untergebracht waren. Das Verhalten der Maoris bei der Verteidigung ihres Landes fand angesichts der relativen Lage der konkurrierenden Streitkräfte keine Parallele in der Geschichte oder Romantik.

Sie verfügten über die Gerissenheit und Doppelzüngigkeit der Griechen, den hartnäckigen Mut der alten Briten und die stoische Verachtung des nordamerikanischen Indianers gegenüber dem Tod. Während im Trubel des großen Weltgeschehens ein Wettkampf zwischen den geschicktesten aller Krieger und einigen kleinen Stämmen von Wilden in einem so abgelegenen Land bei den weit entfernten Nationen für den aufmerksamen Beobachter kein besonders großes Interesse erregen konnte Es gab nur wenige Seiten der Geschichte, die interessanter waren als die Maori-Kriege in Zelania.

In sozialer Hinsicht waren die Maori von eigenartiger Prägung. Als Besitzkommunist war er von Natur aus ein Aristokrat, und in seiner Seele herrschte ein hochmütiger Überschwang, der die Stammesdisziplin schwierig und den häuslichen Frieden gefährdet machte. Im Krieg waren die Maori mutig; in der Diplomatie, klug; im Rat ein geborener Redner.

Die Maori blieben in Zelania ein Wilder, weil es nichts gab, was ihn zähmen konnte, aber in seiner Natur lag der Diamant, und durch ein wenig Schleifen brach sein Glanz immer zum Vorschein. Seine heimatliche Umgebung hatte ihm alles Gute gegeben, bis auf den letzten Schliff. Ich zitiere:-

„Aus den düsteren Hütten dieser verstorbenen Wilden sind bereits der Redner, der Anwalt, der Staatsmann und der erfolgreiche Geschäftsmann hervorgegangen. „Vom Kannibalenfest zum Kabinett" trifft fast auf die Maori zu.

„Das Schicksal der Maoris?

„Nun, meine Kinder, ich weiß es nicht, aber das Aufpfropfen der Zivilisation auf einen solchen Bestand kann Wunder bewirken, und diese malerischsten aller Söhne der Natur zu studieren, ist eine Reise um diese kleine Welt wert.

Tätowierter Maori-Häuptling. – „Maori-Schnitzerei."

„Es ist höchst interessant", fuhr Oseba fort, „die Ureinwohner eines Landes zu studieren, und es ist erbärmlich, zu beobachten, wie sie sich allmählich von der Erdoberfläche zurückziehen; Aber die Maori – die gutaussehenden, hochmütigen, aristokratischen und beredten Maori – unterscheiden sich von allen anderen unzivilisierten Rassen so sehr, wie sich seine bezaubernde Inselheimat von allen anderen Ländern auf der Oberfläche von Oliffa unterscheidet.

„Wenn die bloße Natur in Zelania, ohne Tiere für die Jagd, keine für Herden oder für Diener der Industrie und praktisch ohne Getreide oder Früchte, den

Wilden, der in anderen Ländern üblich ist, in diese Form bringen könnte, was könnte sie dann nicht tun? für den zivilisierten Menschen, der alle Hilfsmittel aller Zeiten mit sich bringt?"

Oseba erklärte, dass er, bevor er Zelania besuchte, jedes andere Land auf Oliffa besucht und die „minderwertigen" Rassen sorgfältig studiert hatte, aber die Maoris standen einsam und allein da. Allen anderen mangelte es an körperlicher Kraft und geistiger Ausdauer, und der Kontakt mit den überlegenen Rassen bedeutete für sie viele Generationen für ein zweifelhaftes Wachstum oder ein paar Generationen für die Ausrottung.

Aber die Maoris hatten inzwischen die volle Männlichkeit erlangt. Sie waren „anders" als die Weißen, und das war richtiger, als zu sagen, sie seien sehr „minderwertig". Wahrscheinlich mehr als fünfhundert Jahre lang hatten sie keinen der Vorteile der Außenkommunikation, keine Hilfe durch zähmbare Tiere, keine Erfahrungen bei der Jagd, keine Traditionen der Industriekunst genossen. Dennoch scheinen die Maori in überraschendem Maße eine ziemlich volle geistige und körperliche Statur erreicht zu haben. Er verfügt über Beredsamkeit, Auffassungsgabe, Neugier und Begierde. Er hat alles außer – Zivilisation. Er hat die Seele, aber sie muss abgestimmt werden; das Material, aber es muss aufgeschüttelt und gewürzt werden. Es bedarf der magischen Berührung einer neueren, höheren Inspiration, und diese wird durch ein wohlwollendes soziales Gefühl in sein erwachendes Bewusstsein eingepflanzt.

„Heute", sagte Oseba, „ist der Zelania Maori, wie er in seinen grotesken Kunstwerken, in seinem Kampf für wilde Unabhängigkeit, in seinen seltsamen religiösen Zeremonien, in seinen alltäglichen Beschäftigungen als Arbeiter, Berufstätiger oder Politiker zu sehen ist, der …" Der malerischste Mensch auf dem Planeten, und seine Anwesenheit in Zelania verleiht eine Würze Romantik, die man in keinem anderen Land studieren und genießen kann."

SZENE VIII. – Akt II.

EINE WELT ANNEHMEN.

ALLES vorbereitet war, wurde eine Anzahl sehr perfekter Karten auf die Leinwand geworfen, die die Ebenen, Täler, Berge, Seen und Flüsse von Zelania sowie die Art der Produktion auf jeder Insel zeigten. und der Redner gab eine sorgfältige und detaillierte Beschreibung des Standorts und der Ressourcen.

Dann erregte Oseba die Aufmerksamkeit seines Publikums und teilte den Leuten mit, dass er nun das letzte Kapitel seines Berichts erreicht habe, oder in unserer raffinierteren Formulierung, er sei auf der „Zielgeraden". Er sagte:-

„Nun, meine Kinder, in diesem Stadium unserer Untersuchung möchte ich Sie noch einmal daran erinnern, wie eng der Mensch mit der Natur verbunden ist; wie er an alle Umgebungsbedingungen angepasst ist; wie die frische Brise einer gemäßigten Zone ihm eine helle Haut verleiht; wie ein abwechslungsreiches und angenehmes Aussehen ihm ein fröhliches Temperament verleiht; wie die Berge ihm Freiheit suggerieren und die Meere Abenteuer; wie das Klima deprimiert oder beschwingt; wie pastorale Beschäftigungen das Romantische in seinem Wesen erwecken; Landwirtschaft, Geduld und robuste Industrie; und die Suche nach Edelmetallen, eine sorglose Unabhängigkeit und Intelligenz.

„Dann sollen die Titanen für Letzteres der Natur alles entreißen, was sich verschworen hat, um die Phönizier, die Griechen, die Nordmänner und die Briten zu erschaffen, und sie künstlerisch in die angenehmste Form formen, und siehe da! Zelania würde in ihrer makellosen Pracht erscheinen, um — einen Mann zu erschaffen."

Hier beschrieb er kurz die Arbeitsweise der Regierung von Zelania, wie sie das parlamentarische System Großbritanniens übernommen hatte und dass sie zwar eine stolze Treue zur britischen Krone anerkannte, aber wahrscheinlich die uneingeschränkteste Demokratie war, die die Welt je gesehen hatte.

„Als Mitglied eines Pakts", sagte Oseba, „schuldet Zelania dem Mutterland nur eine lose Treue, denn es steht ihr jederzeit frei, das Kabel zu trennen und mit dem Segen ihrer Eltern davonzuschweben." Aber tatsächlich wird sie von einem Gefühl gehalten, das stärker ist als Stahlbänder; und durch die freiwillige Opferung vieler ihrer edelsten Söhne auf fernen Feldern hat sie nicht nur ihre Loyalität gegenüber der Krone, sondern auch ihre Liebe zum Empire und ihre Hingabe an die britischen Bestrebungen unter Beweis gestellt. Ihnen gehört nicht nur die Treue zum Untertan, sondern auch die zärtliche Achtung der Kinder gegenüber der großzügigen Verwandtschaft des Heimatlandes.

„Nun, meine Kinder", fuhr der Redner fort, „ich werde euch eine weitere Reihe von Ansichten zeigen, einige davon sind Werke des Menschen und andere Werke der Natur, die meine Handlungen beeinflusst haben." Werfen Sie einen Blick auf das Album, das ich Ihnen geschenkt habe, und Sie werden den Stil der Männer erkennen, die nach dem Vorbild der einladenden Umgebung die gesellschaftlichen Glaubensbekenntnisse des Landes geprägt haben.

„Es ist etwas Großartiges, Männer zu sehen, die stark und mutig genug sind, das Volk hinaufzuführen, nicht dorthin, wo es ,das gelobte Land sehen' kann, sondern um ihnen und ihren Kindern ein edleres Erbe zu sichern, als Josua jemals oder Moses jemals gesehen hat." geträumt von."

Der Redner behauptete, dass selbst die mächtigste Vorstellungskraft nicht in der Lage sei, diese bezaubernden Szenen zu verstehen, er jedoch der Meinung sei, dass die präsentierten Ansichten seine Behauptung rechtfertigen würden, dass Zelania von allen Ländern das wundervollste auf der Welt sei.

Und nun machte er auf die menschliche Seite aufmerksam – wie die Bewohner dieses überaus bevorzugten Landes ihre unvergleichlichen Möglichkeiten nutzten, und das war noch wunderbarer, denn die Natur folgte Regeln und Präzedenzfällen, während diese Menschen sie brachen.

„Ein Mann kann verhungern", sagte Oseba, „umgeben von der blendendsten Pracht; er mag verhungern inmitten der wildesten, unheimlichsten und überwältigendsten Schönheit; aber wenn die unberechenbare Natur in denselben Garten das gestreut hat, was die Seele am meisten erhebt und am meisten zur Ernährung des Körpers beiträgt, sollte der Mensch seine Bewunderung und Dankbarkeit würdigen und – ,an die Arbeit gehen'."

In Zelania, so interpretiere ich die Bedeutung des Redners, haben sich die Götter verschworen, um all dies zu tun und das Los der Menschen glücklich zu machen. Aber in einem Leben, das so gebrechlich und voller Bedürfnisse ist, verdient die praktische Seite Beachtung, denn auch wenn die Gottheit die Koppel möbliert, wird sie keine Blutorangen auf Farnbäume werfen oder Blumenkohl „A Nr. 1" auf nicht bewirtschaftetem Boden anbauen am Spaten oder Pflug.

Nachdem Oseba eine so schöne Ausstellung der ausgewählten Orte Zelanias gemacht hatte, äußerte er sich zu den besonderen Vorstellungen der

Outeroos hinsichtlich ihrer Besuche in anderen Ländern. Er sagte, nach den Maßstäben der Outeroos sei er selbst der größte „Entdecker" der Welt gewesen, denn er habe die gesamte äußere Oberfläche gefunden und kartiert. Er hatte China, Japan, Russland und andere Länder „entdeckt"; er hatte Afrika, Amerika, Australien und schließlich das „Paradies von Oliffa" – Zelania – entdeckt.

Viele Menschen auf Oliffa wollten nicht „entdeckt" werden – sie hätten es sogar lieber nicht getan, und unter ihnen befanden sich nicht unwahrscheinlich die verblassenden Maoris von Zelania. Der „Entdecker" war der Fluch vieler Menschen – denken Sie an die Farblinie!

Oseba erzählte seinem Volk, dass „Zelania einst 1642 von Tasman entdeckt wurde und dass es mehr als hundert Jahre lang nicht wiederentdeckt wurde, als Cook es 1769 entdeckte. Später, zur vorübergehenden Freude und zum endgültigen Bedauern der Maoris, ..." Auch Franzosen „entdeckten" das Land, und bald kamen einige Herren aus Sydney vorbei, und 1814 fanden es die „Pfarrer", und seitdem finden regelmäßig Sammlungen statt. „Ich", sagte er, „bin Zelanias letzter ‚Entdecker', und mein Bericht soll bescheiden ausfallen."

„Im Jahr 1840 wurde der Union Jack dauerhaft im königlichen Auckland verankert, Zelania wurde zu einer Provinz von New South Wales, und im nächsten Jahr wurde das Land zu einer Kolonie erhoben, mit einem guten Quartier für den Favoriten eines britischen Premierministers.

„Im Jahr 1865 wurde die Hauptstadt nach Wellington verlegt, einer sehr luftigen Stadt mit schönen, abfallenden Hügeln, die nicht weit vom Ufer entfernt waren.

„Wie in anderen britischen Kolonien bedeutete Regierung hier Freiheit, und wie in allen bewohnbaren Ländern bedeutet Freiheit Fortschritt, erlebte Zelania praktisch von Anfang an ein volles Maß an Wohlstand."

„Wenn", fuhr Oseba fort, „die Outeroos jemals eine Generation denkender Männer hervorbringen, wird das Geheimnis aller Geheimnisse für sie sein, wie ein Volk entsteht, das so gebildet und geschäftstüchtig ist wie die Generation, die Dampf und Elektrizität entdeckt und entwickelt hat, und die Moderne." Kommerzielle Systeme könnten dumm genug sein, das Land, auf dem und von dem alle Menschen leben müssen, an einige wenige Menschen zu verschenken oder zu verkaufen. Darüber hinaus wird es interessant sein zu untersuchen, aufgrund welcher Argumentation die vorübergehenden Hüter des öffentlichen Bereichs zu dem Schluss gekommen sind, dass sie ihn zu Recht veräußern könnten und dabei den Willen und das Recht aller ignorieren, die mit dem nächsten Zug kommen könnten.

„So umfassend, so nahezu grenzenlos die Bedeutung der höchsten Autorität unter den Outeroos ist, kann keine menschliche Macht die künftige Generation in ein Irrenhaus oder in die Obdachlosigkeit schicken, ohne Kompromisse bei der Zweckmäßigkeit einzugehen, ohne jegliche Anstrengung der Vorstellungskraft ein Zustand der Leibeigenschaft unter den Erben der wenigen Glücklicheren; aber die Ländereien einer kleinen Anzahl von Personen zu gewähren, bedeutet, den Käfig zu verpfänden, in dem die Tiere für immer eingesperrt sind.

„Bedauerlicherweise hatten die ‚Herrscher‘ von Zelania, bevor sie durch die reine Luft dieses Wunderlandes erweitert wurden, einen Großteil der besseren Länder an vergleichsweise wenige Personen verteilt. Aber die Trauben, die die frühen Herrscher an die Eltern der Kolonialherren verfütterten, machten die Zähne der Kinder nervös.

„Die Fläche von Zelania beträgt 104.000 Quadratmeilen, im Vergleich zu 124.000 im Vereinigten Königreich; und die Bevölkerung beträgt 800.000, im Vergleich zu 40.000.000 im Vereinigten Königreich.

„Aber siehe, die wachsende Weisheit der Generationen! Im Vereinigten Königreich „besitzen“ durch Erbschaft, durch Autoritätsverbrechen ein paar hundert Familien oder weniger als eine von 2.000 Einwohnern fast die Hälfte des ganzen Landes; Während in dieser neuen Welt die kleineren Torheiten früherer Herrscher bereits korrigiert werden und die Ländereien der Kontrolle durch die Barone entzogen und für „das Volk“ gehalten werden, unabhängig von der Zeit der Ankunft ihres Zuges.

„Da es sich bei den Outeroos größtenteils um Landtiere handelt, meine Kinder, und da wir gelernt haben, wie wichtig das Land für das menschliche Glück ist, werde ich euch kurz diese Phase der sozialen Situation Zelanias erläutern, wie sie von seinen derzeitigen Führern entwickelt wird.“

Dann erinnerte er sein Publikum daran, dass Zelania 104.000 Quadratmeilen oder etwa 66.000.000 Acres Land umfasste.

Herr Oseba behauptete, dass die britischen Inseln mit 79.000.000 Acres und einer beträchtlichen Abfallfläche fast 40.000.000 Menschen ernähren; Italien mit etwa 70.000.000 Acres und viel Abfall ernährt 30.000.000 Menschen; Preußen, mit etwa 90.000.000 Acres großen Müllflächen, ernährt 31.000.000 Menschen; Frankreich, mit etwa 125.000.000 Acres und ausgedehnten Bergregionen, ernährt fast 40.000.000 Menschen; und dass Belgien und Holland mit etwa 18.000.000 Acres und viel Abfall über 10.000.000 Menschen ernähren.

Er argumentierte, wenn die Schätzungen annähernd korrekt wären, würde dieses bevorzugte aller Länder auf der Oberfläche von Oliffa auf einer ähnlichen Lebensebene wie die Italiener 22.000.000 Menschen ernähren; auf einem ähnlichen Flugzeug wie die Franzosen 12.000.000 Menschen; und auf einem ähnlichen Flugzeug der britischen Inseln mindestens 10.000.000 Menschen.

Aber er erklärte, dass bei einer gleichen Bevölkerung dieser Länder ein gleiches Lebensniveau unvermeidlich sei; Daher war es für das Glück Zelanias ein Glücksfall, dachte er, dass viele großartige Hindernisse einem raschen Bevölkerungswachstum im Wege standen. Der Ruf nach Bevölkerung war der trügerischste Spott, der jemals ein Volk an den Rand des Elends geführt hat.

Hier zitiere ich den unerschrockenen Entdecker:

„Groß bedeutet nicht ‚großartig‘." China hat das, wonach die meisten neuen Oliffa-Länder schreien: „Bevölkerung". Dennoch gilt China nicht als „großartig". Indien ist, selbst unter britischer Herrschaft, als Volk oder Rasse nicht „großartig". Die wahre Größe einer Nation liegt in der Größe der einzelnen Einheiten, aus denen die Nation besteht, und nicht in ihrer Zahl. Amerika ist als Nation großartig, aber die tatsächliche durchschnittliche „Größe" des einzelnen Amerikaners nimmt seit vielen Jahren ab. Reisen Sie lieber bequem mit einer ausgewählten Gruppe, als in einem überfüllten Zug in den Ruin zu stürzen.

„Es gibt keinen Zusammenhang zwischen Größe und Wert. Selbst der ehrgeizigste Outeroo würde kaum behaupten, dass Lambert, der vierzig Pfund wog, „größer" war als der kleine Pope, der wie ein Verhörpunkt aussah und nur acht Pfund wog. So wie es im Avoirdupois keine Tugend gibt, gibt es auch keine „Größe" in der bloßen Zahl. Lieber mit einem gesunden Mädchen flirten, als mit einem Dutzend mürrischer alter Jungfern zur Pantomime zu gehen."

Hätte er die Fakten gekannt, hätte Herr Oseba vielleicht erwähnt, dass Phönizien, das der Welt das Schiff und das Alphabet schenkte und die modernen Handelsmethoden vorwegnahm, nur einen kleinen, größtenteils unfruchtbaren Streifen Land von acht bis fünfundzwanzig Jahren einnahm Meilen breit und weniger als hundertachtzig Meilen lang; dass Attika, zu Füßen dessen Philosophen wir immer noch sitzen, von dessen Künstlern wir immer noch kopieren und dessen Redner wir immer noch hören, nur siebenhundert Quadratmeilen umfasste; und dass die Bevölkerung Spartas in seiner Glanzzeit wahrscheinlich nie mehr als zehntausend Seelen betrug.

„Nein, meine Kinder", sagte Oseba, „groß", heißt nicht „großartig", und jeder Zelanianer, der dabei erwischt wird, wie er nach „Bevölkerung" heult, sollte gezwungen werden, für die ganze Menge zu „schreien", bis er „pleite" ist, und muss ein Billet erjagen, um ein Bier und ein Brötchen kaufen zu können. Das Wünschenswerte kann nicht bestochen werden – andere sollten nicht gewollt sein."

DIE MAORI-JUNGFRAU VON ROTORUA.

Hast du jemals Maggie von Rotoru' gesehen? Du würdest dir nie vorstellen können, was sie
für die Münder der Hölle
tun kann .
Mit einem Zauberspruch wird diese kleine braune Magd dich – wie ich schon sagte – über, unter und hindurch führen.

Dieses kleine braune Mädchen von Rotoru
wird über das Schicksal lachen und dich anlächeln. Wie ein Märchentraum, durch den Dampf des Kessels, in fröhlichem Witz. Sie wird fröhlich umherhuschen – und doch vorsichtig, Fremder, wie du verfolgst.

Mit dieser kleinen braunen Magd von Rotoru
krabbeln Sie, schauen und wundern sich auch. Sie stehen entsetzt da, Ihre Seele ist fasziniert, denn so seltsame Szenen sind hier aufgetaucht – Sie fragen sich, ob er nicht durchbricht.

Während ein Großteil dieser Gefahr, meine Freunde, vorgetäuscht ist, mildert

Gott die Winde für das kleine geschorene Lamm. Aber die wilde Natur
tobt in dunklen, versteckten Höhlen, und es ist Romantik, weißt du, nach
Roto gehst du, also lass etwas „Erinnerung" drin Maggies Handfläche.

Hier „vertieft sich Leo Bergin aus tiefer Liebe zu Zelania in die Poesie" –
„auf eigene Faust", wie folgt:

ZELANIAS GRUSS.

Zelanias Vorräte sind reich an Wein,
Zelanias Luft ist süß von Blumen, Zelanias Söhne sind reich an Kühen,
Zelanias Jungfrauen durchstreifen die Stunden, inmitten von Szenen
unvergleichlicher Schönheit. Zelanias Täler wehen vor Getreide, Zelanias
Hügel sind weiß vor Schafen, Zelanias Söhne sind es Zelanias Jungfrauen
sind erfahren im Gewinn und behalten stets den Weg, der zur Pflicht führt.

Zelanias Krone ist reich und selten,
Zelanias Gesetze sind weise und frei, Zelanias Söhne und Töchter
kümmern sich, Zelanias Tür ist weit aufgerissen, und dann – Zelania
spricht über die Meere, Zelania ruft mit willkommener Stimme, Zelania
sendet bei jeder Brise Zelanias Gruß die Wahl – der verdienten Männer der
Erde.

Nun, das ist ebenso erfrischend wie neu. Herr Oseba und Leo haben beide
Recht, und ich sage: „Gut gemacht!" denn ein beliebter Herr aus alter Zeit
sagte: „Wer nicht für seinen eigenen Haushalt sorgt, hat den Glauben
verleugnet und ist schlimmer als ein Ungläubiger", und wenn das Paulus war,
war er bei dieser Gelegenheit nicht weit „außerhalb" seiner selbst.

Es ist eine sehr erfreuliche geistige Erholung, über die „Brüderlichkeit der
Menschen" und das gleiche Recht „aller Kinder Gottes" zu sprechen,
irgendwo auf der Oberfläche Seines „Fußschemels" zu spielen, aber die
Natur legt nahe, dass „jedes Lebewesen" halten soll macht seinen Anspruch
nieder, sonst wird es verdrängt, und dieselbe grausame, unerbittliche,
unsympathische „Natur" – die immer für ihre Kinder mit den längsten
Krallen „Kaserne" macht – hilft dabei, die Schwachen auf den
Komposthaufen zu schaufeln.

Mit den Errungenschaften der Neuzeit, mit industriellem Fortschritt,
spezialisierten Anstrengungen und schnellem Transport können die
vielfarbigen Menschen auf der Erde die Früchte aller Länder genießen, ohne
an derselben Bar zu üben oder am selben Tisch zu sitzen.

Dass „Gott alle Menschen gleich gemacht hat", ist hübsch – es ist sehr
hübsch; Aber es mangelt ihm an der wissenschaftlichen Wahrheit, und
obwohl es wünschenswert und gewinnbringend sein mag, sich mit dem

„Barbaren" von außen zu befassen und ihn zu unterstützen, zu erziehen und zu erheben, würde niemand außer einem Narren oder Fanatiker einen Haufen Park mitbringen Faulenzer in sein Esszimmer und setzen sie an seinen Tisch, unter Ausschluss seiner eigenen Kinder – oder der Verwandten seiner Frau.

Wir können einem „Bruder" Gerechtigkeit widerfahren lassen, ohne ihn zu beherbergen oder ihn in einen Schwager zu verwandeln.

Herr Oseba sagte: –

„Zelanias benötigte Bevölkerung wird zu gegebener Zeit eintreffen, denn abgesehen von ihren eigenen unwiderstehlichen Attraktionen muss Oliffa dichter besiedelt werden; aber beim „Auffüllen des Landes" aus dem Ausland sollten die Köpfe abgewogen und nicht gezählt werden. Zelania kann sich ihre kommende Bevölkerung selbst aussuchen, denn sei es aus Gesundheitsgründen, aus Profitgründen, aus Vergnügen, aus Neugier oder um Lehren aus höchster sozialer und politischer Weisheit zu ziehen, sie ist der Magnetpol der Neugier, und mit umsichtigem Management ihrerseits ist sie der Magnetpol der Neugier. Als Herrscher wird sie bald zum glücklichen Aufenthaltsort der Freizeitlustigen, Reichen und Wohlhabenden aller Länder werden. Dann werden Tausende von Besuchern von ihrem makellosen Klima, ihrer romantischen Landschaft, ihren gastfreundlichen Menschen und ihren großartigen Möglichkeiten für häusliches Glück und privaten Gewinn so entzückt sein, dass sie ihr Los in diesem immer bezaubernden Land werfen werden.

„Die Natur zeigt auf Zelania und sagt zu all ihren Kindern: –

„Kommen Sie und sehen Sie, was ich getan habe, als ich meine Hand im Spiel hatte.' Dann, meine Kinder, lasst mich vorwegnehmen, denn ich wünsche, dass ihr jetzt einen flüchtigen Blick auf das Ziel erhaltet, zu dem ich euch führe.

„Nun, ich kann Ihnen sagen, dass diese Briten, auf die ich mich kurz bezogen habe, in diesem Fall fast ausschließlich aus Englisch, Irisch und Schottisch bestehen, weit entfernt von der zentralen Autorität, so stark von neuen Möglichkeiten verführt und so widerstandslos von Neuem beeinflusst werden und drängenden Forderungen haben die Welt durch die Kühnheit ihrer politischen Vorstellungen und durch ihre wunderbaren Leistungen in sozialen Experimenten in Erstaunen versetzt."

Aus Herrn Osebas Rede würde man schließen, dass nie eine Kolonie loyaler Menschen leichter von traditionellen Bräuchen abgewichen ist, nie ist eine Gemeinschaft in den Besitz eines neuen Landes gelangt, das sich so bereitwillig an seine Bräuche, seine Gesetze und seine Regeln angepasst hat

Ebenso wie die Siedler dieses unvergleichlichen Landes passten sie sich den Anforderungen einer neuartigen Umgebung an.

Er behauptete, dass die Zelanianer in etwas mehr als einem halben Jahrhundert, bevor sie eine dreiviertel Million Seelen erreichten, durch ihre Errungenschaften in der sozialen Entwicklung das Interesse der zivilisierten Welt geweckt und ihre Bewunderung gewonnen hätten.

„Egoismus", argumentierte er, „ist die Triebfeder menschlichen Handelns, und das treibende Motiv jedes Menschen besteht darin, mit möglichst geringem Aufwand an körperlicher Anstrengung das größtmögliche Glück zu erreichen."

„Obwohl die sozialen Instinkte des Menschen dabei helfen, ihn zu zähmen, basieren alle sozialen und politischen Systeme der Welt auf sehr menschlichen Eigenschaften. Der Wilde eignet sich zu seinem eigenen Glück mit Gewalt alles an, was er will oder bekommen kann. Der halbzivilisierte Mann eignet sich geschickt das Land an, damit seine Früchte in seinem Kornspeicher reifen können, damit er und seine Familie glücklich sind, während der wirklich zivilisierte Mann die Möglichkeiten unter allen aufteilt und sein Glück in der allgemeinen Freude liegt. Die Zelanier werden durch Evolution und parlamentarische Verordnungen zivilisiert.

„Und sie teilten das Land zu, wie jeder es brauchte."

Oseba bekräftigte seine Schlussfolgerungen, dass kein Volk jemals ein neues Land in Besitz genommen hätte, das die Landgesetze unter gebührender Rücksichtnahme auf diejenigen gestaltet hätte, die später kamen – mit ebenso heiligen Rechten – außer den Zelaniern. Damit kamen sie den rationalen Forderungen der Gerechtigkeit näher als jedes andere Volk.

„Ich werde Ihnen", sagte er, „einen Einblick in die Politik geben, die jetzt in Mode ist, und wie sie die Hoffnungen ihrer Sponsoren zu erfüllen scheint, denn das wird Sie zutiefst interessieren."

Der Redner begann hier mit einer Überprüfung des Landsystems von Zelania, und der Kürze halber werden die Notizen auf den kleinstmöglichen Umfang „zusammengedrückt".

Da das Land ursprünglich in etwa neun Provinzen mit ebenso vielen Regierungsorganen aufgeteilt war, von denen jede mit der Befugnis ausgestattet war, mit dem öffentlichen Eigentum umzugehen und darüber zu verfügen, entstand natürlich ein System, das sowohl zu großer Ungleichheit als auch zu großer Verwirrung führte. Da dann alle Provinzen

Straßen, Brücken, Schulen und andere öffentliche Verbesserungen brauchten, wetteiferten sie miteinander, indem sie Anreize für Einwanderung oder neue Bevölkerung boten, und mit äußerst großzügiger Hand wurden die Ländereien entfremdet – oft in großen Teilen .

Als das Kolonialparlament das öffentliche Eigentum übernahm – durch die Abschaffung der Provinzgewalt –, erlangte die Landfrage sofort eine neue Bedeutung. Dies geschah in der intensivsten Phase der modernen Übergangszeit. Der „industrielle Fortschritt" hatte in allen Ländern den unwiderstehlichsten Geist der kommerziellen Expansion eingeläutet. Dann wurde die Bevölkerung zur „Notwendigkeit" und der Eisenbahnbau wurde überall fast zur Manie.

Die Ansteckung traf Zelania. Öffentliche Verbesserungen waren eine absolute Notwendigkeit, und das Land war das wichtigste Vermögen und „Kapital". Eine Zeit lang wurden die Ländereien rücksichtslos verkauft, aber die Manie nach internen Verbesserungen wurde so unkontrollierbar, dass ausländisches Kapital abgerufen wurde, und durch den Rückgriff auf die scheinbar rücksichtsloseste Kreditaufnahmepolitik, die jemals ein vernünftiges Volk betrieben hat, konnten die Ländereien teilweise für eine Weile gerettet werden bessere Zukunft.

Ich zitiere:-

„Von den 66.000.000 Acres sollen 35.500.000 ‚bewohnt' sein, und davon sind 16.000.000 Acres ‚Eigentum', 11.000.000 stehen im Rahmen verschiedener Kronpachtverträge, während der Rest von privaten Eigentümern oder von den Eingeborenen – denen sie gehören – gepachtet wird.", als Volk, mehrere Millionen Hektar. Da die Maoris normalerweise müde sind, werden diese Ländereien meist an die „überlegene Rasse" verpachtet, die die Arbeit erledigt.

„Die Anzahl der Beteiligungen beträgt 115.713, mit einem verbesserten Wert von 120.981.599 £. Das ist gut. Es zeigt einen beispiellosen Anteil an Landbesitzern, aber dieser reicht nicht aus, und die „Regierung" unternimmt große Anstrengungen, um die Bevölkerung der ländlichen Bezirke und der „Landbesitzer", wenn nicht sogar der Land-„Eigentümer", proportional zu erhöhen.

„Unter einem alten System wurde das Land so rücksichtslos entsorgt, dass immer noch ein Viertel der ‚besetzten' Länder vergleichsweise wenigen Menschen ‚gehört'; Aber die Regierung hat ein starkes „Überzeugungsmittel" angewandt – die abgestufte Grundsteuer – und die große Ungleichheit wird allmählich verschwinden. Jetzt geht es um „Brauchtum *versus* Gerechtigkeit", und wenn man sich dem Neuen zuwendet, verliert das Alte seine Kraft. Die Belastung sollte mehr auf dem Land und weniger auf der Wäsche liegen.

„Die Gesetze und Regeln, die in den letzten Jahren auf das Land Zelania angewendet wurden, berücksichtigen nicht nur die Wünsche und Anforderungen potenzieller Besitzer, sondern auch die Klasse des Landes – die Besitztümer sollten flächenmäßig kleiner sein als diese." für die ärmeren Gebiete. Von gutem oder erstklassigem Land dürfen unter bestimmten Besitzverhältnissen nur 640 Acres genommen oder gehalten werden, von zweitklassigem Land 2.000 Acres.

„Es gibt mehrere Besitzverhältnisse, unter denen ‚Kronlande' in Zelania erworben werden können – eines durch Kauf gegen Bargeld; eines mit Pacht- und Kaufrecht, Miete 5 Prozent. auf unverbessertem Wert; und eines, ein ewiger Mietvertrag (999 Jahre) mit einer Miete von 4 Prozent. während dieser Zeit auf den ursprünglichen Kapitalwert – unverbessert. Bei Erbbaurechten ist die Wohnsitzpflicht des Inhabers während der Laufzeit des Mietverhältnisses vorgeschrieben.

„Unter der *Ägide* des Gesetzes werden die Menschen, wenn sie weise und gerecht sind, von der Regierung ermutigt und unterstützt, kleine landwirtschaftliche Gemeinschaften von nicht weniger als zwölf Familienoberhäuptern zu bilden – denn die Outeroos haben Familien – und diese Gruppe hat sich möglicherweise für sie abgesondert." ein geeignetes Grundstück, auf dem man sich niederlassen kann. Dies sichert Bildungsvorteile, denn in jeder Gemeinde richtet die Regierung nicht nur Schulen ein, sondern zwingt auch die Eltern, ihre Kinder zum Unterricht zu schicken.

„Aber als das Gewissen gründlich geweckt war, wurde es dem flüchtigsten Beobachter klar, dass die großen Ländereien nicht nur dem sozialen Fortschritt im Wege standen, sondern dass die Sperrung großer Gebiete von der Bewirtschaftung eine Bedrohung für die künftigen Freiheiten des Volkes darstellte. Und weiter, dass es zwar beträchtliche Kronländereien gab, die zur Besetzung geeignet waren, die Bedingungen für eine „engere Besiedlung" auf ihnen jedoch nicht besonders günstig waren; und darüber hinaus steigerte jeder erfolgreiche Versuch, diese Ländereien zu besiedeln, nicht nur den Wert der großen Ländereien enorm, sondern verstärkte auch die Versuchung des Großbesitzers, sein Herrschaftsgebiet weiter auszudehnen.

„Unter dem früheren *Regime* breiteten sich die Torheiten des alten Regimes schnell über die neue Welt aus, und 1890 waren die meisten besseren Ländereien in Zelania in herrschaftliche Ländereien aufgeteilt und im Besitz einiger weniger Personen.

„Fast bevor die Menschen sich der Tendenzen der Zeit bewusst wurden, drohte ein gigantisches Landmonopol das Land zu überschatten. Doch da die Bevölkerung 14.000 Meilen von der Zentralgewalt entfernt war, hatte die Zuneigung der Menschen zu alten Bräuchen nachgelassen, und schon bald fanden erworbene Rechte an altem Unrecht ernsthafte Proteste.

„Die Rechte der bevorstehenden Herrschaft wurden verstanden, das Volk hatte keine Ahnung, eine Landaristokratie zu errichten, und ein paar mutige Seelen, die durch die Kraft ihres angeborenen Genies aus den Reihen der Industrie hervorgegangen waren, kamen auf die Idee, ein weiteres Kapitel in der Herrschaft zu schreiben Geschichte des menschlichen Fortschritts.

Eine Maori-Schönheit.

„Kein Volk", argumentierte Herr Oseba, „hat jemals gegen einen Despoten rebelliert, der mit lächelnder Diplomatie regierte, aber in der alten Heimat die Macht der Weltbesitzer kennengelernt hatte und wusste, dass die Freiheiten   von   niemandem   sicher   sind, wo einige wenige sind." Ausgestattet mit den Instrumenten der Unterdrückung spürten die Menschen in diesem neuen und fremden Land die Last der herrschaftlichen Hand, möglicherweise bevor sie zum Handeln bereit war.

„Die Landbarone bewohnten mit ihren Schafen die fruchtbaren Täler, während das Volk mit seinen Kindern über die unfruchtbaren Hügel streifte. Aber als die Menschen in den Busch gedrängt wurden, schossen ihnen die

Gehirne in den Kopf, und die auserwählten Hüter des öffentlichen Wohls sagten: „Zachäus, komm herab."

„Obwohl neuseeländisches Hammelfleisch von guter Qualität war und Wolle einen guten Preis hatte, kamen einige gesunde Herren zu dem Schluss, dass Männer, Frauen und Kinder ungefähr so gut seien wie Schafe, besonders wenn die Schafe den anderen gehörten und die Barone keine Donnerbüchsen hatten und das Volk hatte Stimmen, die Weltherren wurden aufgerufen, etwas mehr Steuern zu zahlen, und das Volk wurde aufgerufen, sich eine ordentliche Mahlzeit zu verdienen.

„Dann wurde die Show eröffnet – ohne ein Gebet oder einen Korkenzieher – und einige sehr vernünftige Männer, die auf festem Boden standen, schlugen vor, dass jeder Mann, der Muskeln und einen Mund hat, die Möglichkeit haben sollte, das eine zur Befriedigung des anderen zu trainieren, und Als die Weltherrscher sich weigerten, „einen Preis festzulegen", kamen die Agenten dieser tapferen Demokratie mit einem Überredungskünstler und die Revolution begann. [B]

„Die Landbarone wurden ehrenvoll behandelt. Die Werte, die durch das Aufkommen einer fortschrittlichen Bevölkerung, durch die Besiedlung von Kronland und durch den Bau von Autobahnen geschaffen wurden, wurden ihnen großzügig zugestanden; Doch als sie aufgefordert wurden, das Gras zu verlassen und Platz für eine engere Ansiedlung zu schaffen, lernten sie, die Situation zu akzeptieren, und die Gesetze hatten eine beruhigende Wirkung.

„Die abgestufte Grundsteuer ist eine starke Überzeugungskraft, und bereits wurden etwa siebzig der großen Ländereien wiederaufgenommen und in kleine Parzellen unter einem intelligenten, fleißigen und fortschrittlichen Volk aufgeteilt. Und dennoch geht die Arbeit mit Erfolg und in fast allen Fällen sogar mit Gewinn weiter.

„In Zelania wurde nicht nur die Möglichkeit, sondern auch die Weisheit des Staatsgrundbesitzertums demonstriert. Heute ist der Staat Grundbesitzer auf einer Fläche von über 15.000.000 Acres, er hat 16.000 Pächter, und bei all diesen Wiederaufnahmen, Teilungen, Vergleichen, Mieteintreibungen und der Verwaltung gab es keinen Verlust, wenig Beschwerden und weniger Skandale.

„Außerdem werden die Ländereien zerschnitten und unter den Siedlern aufgeteilt, Schulen errichtet, Postämter eröffnet, Straßen gebaut und – wenn die Siedler es brauchen – ihnen vom Staat Geld zu einem einigermaßen niedrigen Zinssatz geliehen ; und bis jetzt waren diese Gesetze ein unendlicher Vorteil für das Volk und ein Gewinn für den Staat – die „Gewinne", die zur Förderung des allgemeinen Plans verwendet wurden.

„Mit dieser Politik der abgestuften Grundsteuer und der freiwilligen Wiederaufnahme sind überhöhte Mieten und Landspekulationen unbequem, und mit der ‚Kredit-an-Siedler-Politik‘ können die Geldhaie die Menschen nicht unter Druck setzen, ‚sie können es nicht‘.“

„In Zelania unterstützt der Staat oder die Menschen in ihrer organisierten Eigenschaft die Menschen in ihrer individuellen Eigenschaft aus dem Gemischtwarenladen – um sich selbst zu helfen.“

„Der Staat gibt nichts. Es gibt nirgends demütigende Nächstenliebe, aber überall erhebende Gerechtigkeit. Der Staat bringt einen Mann auf eine Farm, leiht ihm Geld, hilft ihm den Berg hinauf und verlangt dann, dass er den Herkules spielt. Es wird ihm einen Spaten leihen – nicht zum Anlehnen oder zum Pfand, sondern zum Graben – und er muss ihn hell halten und für seine Nutzung bezahlen.

„Die Idee in Zelania, meine Kinder, besteht darin, keine Herren und keine Armen zu haben – dass alle Menschen Produzenten sein sollen und keine Landstreicher; Steuerzahler und nicht Steuerfresser – und dass jeder Bürger ein robuster Demokrat werden soll, der sich ehrenhaft als Anteilseigner eines zahlenden Unternehmens einsetzen wird.

„Gemeinsame Ermutigung ist gegeben“, sagte er, „und das kann man sozialistisch nennen; aber individuelles Handeln ist gefragt, und das ist demokratisch.

„Viele Menschen in Zelania denken, dass der Regierungszug zu schnell voranschreitet, aber sie sollten die Tendenzen der Zeit beobachten und die Vorteile des allgemeinen Wohlstands erkennen. Viele andere denken, dass der Zug zu langsam fährt, aber sie sollten sich des Konservativismus des Reichtums und der Gefahren der Erkundung unbekannter Meere bewusst sein und sich daran erinnern, dass sie heute in allen wesentlichen Aspekten des menschlichen Fortschritts bei weitem am weitesten fortgeschritten sind alle Völker.

„Natürlich gibt es in Zelania gelegentlich Misserfolge, genug, um gute Beispiele zu liefern; Denn während jeder Mann, der geschäftig ist, erfolgreich sein kann, stellt der Allmächtige nicht die Trikots für jeden Lümmel auf, der Sahne in seiner Schokolade mag. Sogar in Zelania muss der Mann, der behauptet, dass diese Welt ihm seinen Lebensunterhalt schuldet, einige Anstrengungen unternehmen, um diese kleine Rechnung einzutreiben.

„Tatsächlich stattet man einen Kerl in Zelania mit fast allem aus, außer mit Verstand. Das würden sie zweifellos gerne tun, aber da es ein paar Dinge gibt, bei denen die Natur scheinbar sparsam ist, ist bisher kein Überschuss an Gehirnen zu erkennen – nein, nicht einmal in Zelania."

Hier fasse ich einige der anschaulichen Schlussfolgerungen von Herrn Oseba in meiner eigenen „keuschen" Sprache zusammen:

Nachdem ich die gelassene Geborgenheit des Ackermanns in anderen Ländern kennengelernt habe, ist es merkwürdig interessant zu beobachten, dass die Menschen in Zelania – wie in den meisten Ländern üblich und ohne Konto – großen Respekt genießen, unabhängig von ihren Bankkonten. oder die soziale Stellung ihres Schwiegervaters.

In den meisten Ländern auf Oliffa werden die Menschen „umgesiedelt", um Platz für Tiere zu schaffen, und in den meisten Ländern auf Oliffa gilt: Je größer das „Anwesen", desto leichter lässt es sich vergrößern; aber in Zelania, wenn zu viele Menschen „in der Kälte" sind, wird ein Kerl mit einer großen Koppel gebeten, „einen Preis festzulegen", und die streunenden „Schafe" werden bald bequem untergebracht und beschäftigt.

Unter dem alten System galten solche „Staaten" immer als „heilig", aber in Zelania gehört zu den „heiligsten" aller anerkannten Rechte das „heilige Recht" des „Menschen zu leben"; und es wurde entdeckt, dass es eine Beleidigung für Gottes edelste Geschöpfe ist, vom „heiligen Recht" eines Menschen zu leben, ohne die Möglichkeit zu haben, etwas zu verdienen, von dem er leben kann; und die abgestufte Grundsteuer hat die herrschaftlichen Erben so versöhnt, dass die „Glücklichen", die „hungrig und dürsten", nicht auf die „Wohltätigkeitsschale" warten müssen, sondern von den Produkten ihrer eigenen starken Hände „gesättigt" werden .

Hier zitiere ich:—

„Die christlichen Outeroos, meine Kinder, glauben alle, dass sie durch den besonderen Wunsch und Auftrag Gottes auf der Welt sind, und doch hatten von allen zivilisierten Outeroos nur die Zelanianer den Mut, auf einer Welt, die Gott geschaffen hat, einen festen Platz einzufordern ihnen.

„Sie gehen davon aus, dass ihre Gottheit die Welt erschaffen und sie dann zu Menschen gemacht hat, doch die meisten von ihnen sind davon überzeugt, dass ‚Er die Welt erschaffen hat', und nur wenige von ihnen haben das Privileg, den Hinweis ‚Bleibt weg' anzubringen das Gras.' Allein die Zelanianer haben den „Hinweis" entfernt.

„Während für uns, meine Kinder, so weit weg, mit einer so langen Geschichte hinter uns, selbst diese Maßnahmen wie vorsichtige Experimente von Amateuren erscheinen, sind sie doch die fortschrittlichsten, die die Outeroos kennen; und die Zelanier ringen in ihrer zahlenmäßigen „Geringheit", ihrer nationalen Jugend und ihrer großartigen Isolation mutiger mit den Schwierigkeiten, die die edelste Staatskunst aller Zeiten in Frage gestellt haben, als jede andere soziale Gruppe in der fortschrittlichen Geschichte der Welt.

„Zelania, meine Kinder, ist die uneingeschränkteste Demokratie, die die Außenwelt dieses Planeten je kannte, und doch hat ihr Volk gerade erst einen flüchtigen Blick auf die menschliche Freiheit gewonnen, nicht aber eine Erkenntnis davon. Aber die göttliche Flamme der heiligen Fackel breitet sich aus, das öffentliche Bewusstsein ist geweckt, die öffentliche Intelligenz ist wachsam und der soziale Zug bewegt sich schnell.

„Was die Träumer, die Dichter und die Akademiker anderer Länder als soziale Ideale preisen, diskutieren die Händler, die Bauern und die Mechaniker von Zelania als alltägliche Angelegenheiten der praktischen Politik.“

„‚Berühre nicht den Gesalbten des Herrn‘ hat das Haupt vieler Despoten gerettet, und rührende Appelle zur Einhaltung der ‚heiligen Rechte‘ – in uraltem Unrecht – haben die Rippen des Müßiggangs für eine sehr lange Zeit gespickt, aber die Zelanianer, im Überschwang einer neuartigen Situation üben sie mentale Übungen aus und bauen graue Substanz auf – mit Erfolg.

„Ein schiffbrüchiger Seemann, der auf eine einsame Insel geworfen wird, die reich an Nahrung, Unterkunft und Material für Kleidung ist, kann diese kleine Welt ‚besitzen‘ – eine Zeit lang. Seine Rechte sind oberstes Gebot. Er hat ein „eigenes Interesse“. Er hat es „entdeckt“. Als Beitrag zum Wohlstand der Welt hatte er praktisch dieses Stück Dreck geschaffen. Es ist sein. Aber nehmen wir an, am nächsten Morgen wird ein anderer Kerl vom selben oder einem anderen Schiff auf die Insel geworfen. Nun ja, Nummer eins muss „teilen“. Die gesellschaftlichen Verhältnisse haben sich verändert. „Recht“ hat eine neue Definition – es sei denn, das erste versklavt das andere.

„Definitionen ändern sich. Richtig und Falsch sind, wenn sie die verschiedenen sozialen Theorien zum Ausdruck bringen, Fiktionen, die von der Gesellschaft für ihren eigenen Gebrauch aufgestellt wurden, und wenn eine Regel, die von der Gesellschaft zu ihrem eigenen Vorteil aufgestellt wurde, von der Gesellschaft nicht zum Nutzen eines größeren sozialen Selbst geändert werden kann, könnte dies ein einzelner Mensch besitzen alle Menschen, die auf die Insel geworfen werden könnten – selbst wenn die Insel ein Kontinent würde.

„Die Zelanianer haben herausgefunden, dass Despotismus hauptsächlich in der loyalen Befolgung alter Bräuche besteht, und sie geben alten Begriffen neue Definitionen – und passen dann die Gesellschaft an die neuen Definitionen an. In keinem Land werden Menschenrechte mehr respektiert oder Eigeninteressen heiliger gewahrt als in Zelania, aber die Außenposten werden ausgedehnt, und die Macht einiger Weniger, den Vielen rechtlich Unrecht zu tun, wird nicht länger als heiliges Recht geheiligt.

„In Zelania wurde beschlossen", sagte der Weise Oseba, „dass die Rechte eines Mannes dort aufhören müssen, wo die eines anderen beginnen – insbesondere, wenn es mehrere der ‚Anderen' gibt." In Zelania wurde verfügt, dass die Interessen „unser aller" Vorrang vor den Interessen „weniger von uns" haben, und obwohl die Rechte von niemandem verletzt werden dürfen, dürfen die gleichen Rechte von vielen nicht vorenthalten werden .

„Der Mensch ist ein soziales Wesen, und wie viele seiner Rechte – wie von ihm selbst definiert – er für das Glück vieler – wie von ihm selbst definiert – aufgeben muss, ist nirgendwo festgestellt worden.

„In Zelania, meine Kinder, haben die Menschen Ideen und die Menschen regieren. In Zelania bitten die Menschen möglicherweise den glücklichen Kerl, der als Erster die einsame Insel erreicht hat, „einen Preis festzulegen". Sie können verlangen, dass derjenige, der arbeitet, Spaß haben soll, dass die Größe einer Koppel verringert wird, dass der Abstand zwischen Getränken vergrößert wird und dass in Zelania die Staatsmänner mit Treue den Willen des Volkes ausführen, wie er gemäß den vorgeschriebenen Regeln zum Ausdruck kommt.

„Nun, meine Kinder, habe ich mich ausführlich mit dem Landsystem von Zelania beschäftigt, denn von allen Nationen auf der Oberfläche von Oliffa stellen sich die Zelanier nach und nach am weisesten auf das dauerhafte Glück der Menschen ein – und wir wünschen uns das vielleicht eine „Kolonie" dorthin schicken.

„Zelania ist ein wunderschönes Land, meine Kinder, und wenn da kein Prinzip im Spiel wäre, würde ich es gerne selbst besitzen; aber leider! Für ein so vorübergehendes Vergnügen sollte kein „Prinzip" verletzt werden."

Maori-Frau und Kind. Modisch tätowierte Lippe.

SZENE VIII – Akt III.

UTILITARISTISCH.

HIER ist in den Notizen vermerkt, dass es eine halbstündige Pause gegeben hatte, in der Leo Bergin erwähnt, dass er ein angenehmes Gespräch mit der Dichterin Vauline genoss, dass sie sehr charmant neugierig war, und dass er dabei gestand, dass es ihm im Vergleich dazu an Beredsamkeit mangelte Er dachte, Zelania hätte durch seine Bescheidenheit nichts verloren, als er von Oseba überzeugt war.

Leo bemerkt, dass er der Dichterin viele Fotos der Außenwelt gezeigt habe, insbesondere einige schöne von Zelania – unter anderem einigen der führenden Staatsmänner und Juristen – „alle in derselben Sitzung".

Aber ich werde Leo Bergin anrufen und Amora Oseba mit seinen Beobachtungen fortfahren lassen, wie aus Leos Notizen hervorgeht, die im Feuer des Genies niedergeschmolzen wurden.

Herr Oseba soll beim Aufstehen bemerkt haben, dass Männer Menschen seien, womit ich teilweise einverstanden bin.

Ausgehend vom unsterblichen Robert als Text,

„Die Unmenschlichkeit des Menschen gegenüber dem Menschen
lässt unzählige Tausende trauern"

er hielt eine lange und beredte Rede über die Beziehungen des Menschen zu dieser Welt; wie die Erde das Lagerhaus der Natur ist; wie alles, was wir Reichtum nennen, und die Dinge, die zu unserer Gesundheit, unserem Komfort und unserem Wohlergehen beitragen, das Ergebnis der Arbeit der Menschen sind; und er stellte dann fest, wie wenige von uns viel Bewegung aus dieser nützlichen Beschäftigung ziehen.

Tatsächlich übermittelte er die ziemlich verblüffende Information, dass im Hinblick auf die tatsächliche Produktion ganze neun Zehntel von uns im Urlaub waren, oder, um es auf den Punkt zu bringen, dass jeder Werktätige etwa neun weitere entspannte Seelen mit sich herumschleppte sein Rücken. Diese Bemerkungen galten für die allgemeine produktive Industrie.

Herr Oseba erklärt, „wie in dünn besiedelten Ländern, wo es Tiere gibt, der primitive Mensch von der Jagd lebt, wo es zähmbare Tiere gibt, wird er teilweise gezähmt und lebt von seinen Herden, und wo es guten Boden gibt – wenn die Bevölkerung zunimmt – die." Die Menschen wenden sich der Landwirtschaft zu, und mit mehr Kultur und mehr Menschen spezialisiert sich die Industrie, und der Handel entsteht, um den letzten Schliff zu geben.

„Aber", argumentierte er, „so wie der Mensch sich an die Muskeln klammert, mit denen seine Vorfahren mit den Ohren schlugen, so klammert er sich an alle Gewohnheiten, die der Mensch in der Vergangenheit praktiziert hat." Er lebt von der Jagd, solange Platz ist, er reduziert die nomadische Industrie auf eine Wissenschaft und trägt durch Zusammenarbeit alle zur Förderung des höheren Ideals bei.

„In Zelania wurde die Jagd bis auf den Sport aufgegeben, und der Lebensunterhalt und der Reichtum stammen aus der Weidewirtschaft, dem Untergraben oder der Kultivierung des Bodens."

Ich entnehme aus Leos Notizen, dass von etwa 66.000.000 Acres Land in Zelania nur 6.000.000 vom Pflug bewirtschaftet werden, 1.400.000 Acres bebaut werden, 4.600.000 Acres Gras anbauen und 7.000.000 ungepflügt werden – auch exotische Gräser – und das hauptsächlich aus dieser Quelle des Reichtums 800.000 der am besten ernährten, am besten gekleideten, am besten untergebrachten, am besten gebildeten und zufriedensten, fortschrittlichsten, gesündesten, glücklichsten und freien Menschen, die jemals auf der Oberfläche dieses Planeten herumlungerten, sind ziemlich lebendig und zufrieden, zu bleiben – *sine sterben* .

Der Boden ist an Getreide, Hackfrüchten usw. ertragreicher als in jedem anderen Land. Auf der Weide trägt es mehr Vieh, bei Früchten ist es vielversprechend, und was die Molkerei betrifft, muss Dänemark darum kämpfen, seine Lorbeeren zu behalten.

Man wird sehen, dass nur ein kleiner Teil des Landes Zelania seiner „besten Nutzung" gewidmet ist, so dass dort Platz für viele Millionen Menschen ist, deren Los dort in der Tat gesegnet sein sollte, denn in keinem Land ist das Glück der Landbewohner, so glücklich. Sein Boden ist fruchtbar, sein Klima angenehm, seine Jahreszeiten zuverlässig, seine Gesundheit perfekt, er hat die besten Geräte im Einsatz, seine Steuern sind niedrig und seine Preise sind immer gut. Glücklicher Zelanias Bauer!

EINIGE, DIE ADAM NAMEN NAMEN.

„Und Gott machte die Tiere der Erde nach ihrer Art und das Vieh nach seiner Art und alles, was auf der Erde kriecht, nach seiner Art, und Gott sah, dass es gut war."

Aber nur ein paar elende kleine „schleichende Dinger" gelangten nach Zelania, bis die Briten andere mitbrachten.

In einer Rezension über das „Tiergeschäft" bemerkte Oseba, dass er die üblichen Begriffe verwenden würde, da alle Tiere – mit Ausnahme der langhaarigen Ziege, die in der Wüste und in den Bergen gehütet wird – sich schon lange aus Cavitorus zurückgezogen hätten, um Platz für Menschen zu machen unter den Outeroos in seiner jetzigen Stellungnahme, so dass die ausführlichere Erklärung in seinem veröffentlichten Bericht untersucht werden muss.

Er behauptete erneut, dass der Mensch nie in der Lage gewesen sei, eine Zivilisation ohne den Einsatz zähmbarer Tiere aufzubauen, und dass viele der Outeroos großes Glück mit diesen Hilfsmitteln der Natur gehabt hätten.

Wo der Mensch das Kamel, das Pferd, den Ochsen, das Schaf und den Hund in Gesellschaft, Gesellschaft und Gebrauch hatte, war er in der Lage, den Weg zu einem höheren Ziel fortzusetzen. Die Tiere wurden gleichzeitig zu Dienern, Lasttieren, Antriebskräften, Nahrungsmitteln und Kleidungsstücken.

Die Menschen im Mittelmeerraum besaßen viele tausend Jahre lang all diese liebenswerten und nützlichen Tiere. Diese Tiere trugen die Zivilisation in die entlegensten Teile der Welt, und von Dienern wurden sie eher zu einer Quelle für Handel, Nahrung und Kleidung als zu einer Antriebskraft.

Die Aufzucht dieser Tiere wurde zu Beginn ihrer Kolonialzeit zum Haupterwerbszweig Zelanias, denn die Fruchtbarkeit des Bodens, die Gesundheit des Landes, die Freundlichkeit des Klimas und die ewige Zuverlässigkeit der Jahreszeiten machten dieses Land – von allen Ländern – zum besten am besten für Herden und Herden geeignet.

„Ah, meine Kinder", sagte Oseba lebhaft, „hätten die Maoris vor Jahrhunderten das Pferd, den Ochsen und die Schafe besessen, hätte die dunkle Republik der Südsee möglicherweise die beredtesten Diplomaten an die opulenten Höfe der Südsee geschickt." Alte Welt – aber die Maori waren allein."

Doch zurück zu den Tieren – und „einkochen". Diese 800.000 Zelanier haben 20.250.000 Schafe, 1.360.000 Rinder, 280.000 Pferde und 224.000 Schweine; und – nun ja, es gibt ein paar tausend, mehr oder weniger, Hunde. Diese 20.000.000 Schafe sind von guter Rasse und wurden mit der doppelten Idee von guter Wolle und gutem Hammelfleisch aufgezogen; Sie gehören etwa 19.000 Personen und erwirtschaften durch den Export ein jährliches Einkommen von etwa 5.000.000 Pfund Sterling. Es gibt 11.700 Herden mit weniger als 500 Tieren pro Herde und 138 von über 20.000 Tieren. Die Zelanianer gestehen, dass sie das beste Hammelfleisch der Welt haben.

Ich zitiere:-

„Zelania ist ein Land voller großer Dinge, wenn man es nur im Durchschnitt betrachtet. Sie hat keine Millionäre und keine Armen. Sie hat keine Schafkönige oder Schafdiebe. Sie hat große Geysire und große Premiers, große Erträge, große Leute und große Ideen, aber nur wenige große Vermögen. Sie haben „Vertrauen" in Zelania, aber sie vertrauen auf Gott und – das Volk."

PROFITABLE ÜBUNG.

Zu den erfreulichsten und profitabelsten Wirtschaftszweigen überhaupt zählen, wie ich aus den Aufzeichnungen schließe, die Molkerei und der Obstanbau, und Herr Oseba glaubt, dass diese Wirtschaftszweige in keinem Land und Klima auf der oberen Erdkruste vielversprechender oder vielversprechender sind profitabel, insbesondere ersteres. Das Fehlen kalter Winter, die Reinheit der Atmosphäre, der Nährwert der Gräser und die Häufigkeit des Regens wirken sich alle „zum Guten" für diejenigen aus, die sich um Geschäfte kümmern.

Ich zitiere:-

„Die für diesen Zweck besonders geeignete Fläche in Zelania ist enorm, und da die Fruchtbarkeit des Bodens durch diese Industrie verbessert und nicht verarmt wird, sind die Möglichkeiten seiner Entwicklung unkalkulierbar.

„Für jemanden mit bescheidenen Mitteln scheint dies der verlockendste Wirtschaftszweig in diesem bezaubernden Land zu sein. Auch der Bergbau ist mit seiner Produktvielfalt, den großzügigen Gesetzen, dem gesunden Klima und dem Wasserreichtum ein äußerst interessanter und einträglicher Wirtschaftszweig.

„Die Bergbaugesetze und -vorschriften sind ebenso großzügig wie die Landgesetze, und bei jedem Unternehmen dieser Art besteht die Politik der Regierung darin, ‚Energie mit den Werkzeugen der Industrie zu bewaffnen, damit der freundlichen Einladung Reichtum folgen kann'.

„Da die Zelanier, gemessen an der Bevölkerungszahl, zu den kaufmännischsten Menschen der Welt gehörten, beschäftigten sie sich schon früh mit großem Enthusiasmus mit dem Eisenbahnbau. Der Eisenbahnwahn begann während der Herrschaft des Provinzialismus, und jede Provinz begann ihr kleines System ohne Rücksicht auf die Pläne der anderen."

Hier wurde eine Karte an die Wand gehängt, die verschiedene Eisenbahnsysteme mit ihren unterschiedlichen Strecken und Zwecken zeigte. Angesichts der Nähe des Meeres zu allen bevölkerungsreichen Zentren und der Zugänglichkeit dieser Punkte für Dampfschiffe zeugte der Bau kostspieliger Eisenbahnen von lobenswertem Unternehmergeist.

Zweifellos trugen früher der Provinzstolz und die Bereitschaft, hohe Gebote für die Bevölkerung abzugeben, um die Pachtzinsen für schöne Anwesen zu erhöhen, wesentlich zur Förderung dieses Unterfangens bei.

Die Eisenbahnstrecken waren teuer, aber sie haben sich als gute Investition erwiesen. Ich komme zu dem Schluss, dass Zelania derzeit über 2.325 Meilen Eisenbahn verfügt. Das Straßenbett ist gut, das rollende Material angemessen; Das Reisen ist ungefähr so komfortabel wie in anderen Ländern und der durchschnittliche Fahrpreis für Passagiere ist niedriger als in Amerika. Zum Nutzen der Miteigentümer – des Volkes – fließen alle „Gewinne" in die allgemeine Senkung der Steuersätze.

Die Weisheit der australasiatischen Kolonien beim Bau, der Verwaltung und dem Besitz der Transportlinien kann nicht genug bewundert werden, meint Herr Oseba, zumal sie „im Widerspruch zu den Erfahrungen der Welt" stand.

Der Redner argumentierte logisch und detailliert, wie sinnvoll es sei, öffentliche Versorgungsunternehmen in öffentlichem Besitz zu halten, und behauptete, dass der Transport für alle Geschäftsleute von so entscheidender Bedeutung sei, wenn die Eisenbahnen nicht dem Staat gehören und sie betreiben würden, und dass dies für einige der Fall sein würde bedeutet, die Regierung zu besitzen und zu betreiben.

„Hongi", Gruß der Maori.

Er fuhr fort: –

„Die Eisenbahnen in Zelania sind ein wertvolles Gut. Durch ihre Errichtung hat sich der Wert der öffentlichen Grundstücke verdoppelt, und da sie zu günstigen Preisen angeboten werden, erzielen sie einen Ertrag von gut einem Prozent. Bezogen auf die Gesamtkosten sind sie heute den vollen Investitionsbetrag wert.

„Die Eisenbahnen werden so schnell ausgebaut und verbessert, wie es die Anforderungen erfordern und die Finanzen es rechtfertigen; und zusammen mit den Postämtern, Telegrafen und Telefonen stehen sie unter dem wachsamen Auge und der Kontrolle eines Kabinettsministers – derzeit Sir Joseph Ward –, dessen Scharfsinn sich schon früh darin zeigte, dass er diese antipodischen Regionen als Zielland ausgewählt hatte den unruhigen Traum des Lebens ertragen.

„Sir Joseph ist auch eine Zierde und eine Säule der politischen und sozialen Struktur Zelanias. Er ist umgänglich, gebildet, ehrgeizig und patriotisch. Er ist brillant in seinen Geschäftskonzepten, und da er über eine angenehme Persönlichkeit und eine überzeugende Rede verfügt, scheitert er selten an der Umsetzung seiner gut organisierten Pläne. Obwohl er kaum die Mittagszeit seines Lebens hinter sich gelassen hat, ist er schon lange der geschickte Leutnant des robusten Seddon, und wenn der Häuptling, an dessen Seite er so unerschütterlich gestanden hat, unter der Last öffentlicher Sorgen ermüden sollte, wäre das höchst passend dass die Führungsrolle auf die geschulten Schultern dieses fähigen und vielseitigen Staatsmannes fallen sollte.

„Dann wird der Bau aller Eisenbahnen mit allem, was *dazu gehört* – Autobahnen, Brücken und andere öffentliche Arbeiten – ebenfalls von einem Kabinettsminister geleitet.

„Nun, von all den ‚Millionen‘, die unter diesem unermüdlichen Wächter für die Förderung dieser gewaltigen Verbesserungen ausgegeben wurden, auch in einem Land, in dem sehr viele intelligente Menschen ‚stundenlang‘ stundenlang herumsitzen würden, um etwas zu kritisieren, Es gibt wahrscheinlich niemanden, der davon überzeugt werden könnte, dass jemals ein Sixpence in der Münze Seiner Majestät geprägt wurde, der flink genug war, um seinen Weg in die falsche Tasche zu finden.

„Dieser ‚Arbeitsminister‘ arbeitet doppelt so viele Stunden am Tag wie jeder andere der Tausenden von Männern in seinem Dienst, und der Gedanke, dass er von anderen Erwägungen als dem Gemeinwohl beeinflusst wird, kann nicht zur Debatte gestellt werden Bühne in jedem Unternehmen in Zelania. Diese Menschen vertrauen ihren „Dienern“, und tatsächlich wird ihr Vertrauen nur selten missbraucht. Dies ist ein zelanisches „Trust“.

„Fast alle diese großartigen Arbeiten werden im Rahmen einer Genossenschaftspolitik durchgeführt, wobei der Lohn auf der individuellen Erwerbsfähigkeit basiert und die Arbeit normalerweise an die ‚Arbeitslosen‘ vergeben wird, die den produktiven Betrieben am nächsten liegen. Es wird behauptet, dass diese Police nicht teurer sei als das alte Vertragssystem. Es ist von den Menschen, für die Menschen, durch die Menschen.

„Wer nicht „God Save the King“ singen wird,
soll so hoch wie der Kirchturm hängen. Aber während wir „God Save the King“ singen, werden wir das Volk nie vergessen.“

Hier, so heißt es in den Notizen, schlug die Dichterin Vauline dem Weisen Oseba vor, dem Publikum ein paar weitere Informationen über zelanische Staatsmänner, ihre Beziehung zum Mutterland und ihren Einfluss auf die Zuneigung des Volkes zu geben.

In interessanten Einzelheiten erklärte Herr Oseba, dass Zelania zwar die Treue zur britischen Krone beteuerte und zur Verteidigung der britischen

Ehre ihr Blut und ihre Schätze mit spartanischem Mut vergießen würde, sie aber so stolz auf ihre Freiheit sei, dass sie dieselbe „geliebte Mutter" haben sollte. Wenn sie einen Penny pro Pfund Steuer auf ihren Tee verlangte, würde die nächste aufgehende Sonne tausend Embleme einer neugeborenen Republik küssen. Für das Mutterland würde Zelania alles opfern – bis auf die Ehre –, aber nur als Partnerin und nicht als Vasallin.

„Ich habe keine Lust", sagte der Redner, „den Stardarstellern dieses großen Gesellschaftsdramas zu applaudieren, denn solche Führer sind nur die auserwählten Werkzeuge des Volkes, und da es keiner anderen Macht auffallend gelungen ist, Gerechtigkeit unter den Menschen herzustellen, haben die Die Leute haben das nötige Gespür und dürfen – ja, müssen – vertrauen.

„Aber die Auserwählten sind nicht sicher, dass sie die ‚Zuneigung aller' genießen werden, denn solange ein Mann lebt und im Geschäft ist", schlussfolgert Herr Oseba, „wird es deutliche Meinungsverschiedenheiten über seinen geistigen und moralischen Wert geben."

Mr. Oseba „kapierte" es gut, denn er entdeckte bald, dass der echte lebende Mann bei den Outeroos immer jemandem im Weg steht; dass der Kerl, der die Kakis erreichte oder dort „ankam" – an der Spitze der Umfrage –, schlecht war und dass, wenn so jemand jemals etwas Richtiges tat, dies aus Unachtsamkeit oder aus unheiligen Motiven geschah.

Während ein Mann „ganz lebendig" ist und etwas will, verspotten wir seine Fähigkeiten, lachen über seine Sprache, hinterfragen seine Motive und verletzen ihn mit unseren vergifteten Pfeilen. Aber lass ihn einmal sterben, und was für eine wundersame Veränderung! Solange er uns im Weg steht, solange sein zitterndes Herz es spüren kann, bombardieren wir ihn; Wenn wir ihn dann in die Gewänder der ewigen Stille gehüllt haben, fühlen wir uns unterworfen, preisen seine Tugenden und sprechen ihn *heilig*.

Unter einem freien und gebildeten Volk gibt es in Fragen der Innenpolitik immer Meinungsverschiedenheiten unter den Menschen, und dies ist weder auf die Intelligenz noch auf den Patriotismus der Streitparteien zurückzuführen; Aber Herr Oseba mag eher den Mann, der dort ankommt, während der andere seine Fraktion abhält.

Aus diesen gegensätzlichen Meinungen entstehen Parteivorurteile und Fraktionskonflikte, und Ernsthaftigkeit sollte als Tugend angesehen werden, selbst wenn sich die Argumentation letztendlich als fehlerhaft erweisen sollte. Anstatt den Menschen über das Menschliche zu erheben, erinnert uns die Demokratie nicht selten daran, wie weit der Mensch hinter dem Göttlichen zurückbleibt.

Aber zu diesem Punkt schließt Herr Oseba wie folgt:

„Während Zelania ein auffälliges Juwel der britischen Krone und auf der Landkarte sehr rot ist und ihre Regierung von, für und durch das Volk ist, ist jedes Lob ihrer Staatsmänner ein Kompliment für den Charakter und die Intelligenz der ‚ultimativen Macht‘.“ -die Menschen."

Kommen wir zum Geschäftlichen.

Der Kürze halber fasse ich hier viele beredte Seiten zusammen, und der Klarheit halber mache ich mir die Geschichte von Herrn Oseba zu eigen und zitiere sie, wenn wir das allgemeine Argument weitergeben.

Kommerziell komme ich zu dem Schluss, dass Zelania, gemessen an der Bevölkerung, eines der führenden Länder der Oberschicht ist; seine jährlichen Exporte und Importe belaufen sich auf etwa 24.000.000 Pfund. Um den großen Industrie- und Handelsunternehmen des Landes finanzielle Erleichterung zu bieten, stehen hervorragende Bankeinrichtungen zur Verfügung. Tatsächlich erscheint das im Bankwesen investierte Kapital für eine so kleine Gesellschaft fabelhaft. Die Bankengesetze sind explizit, und obwohl die Banken für ihre eigene vollkommene Sicherheit gesorgt haben, können sie die Menschen nicht unterdrücken, wenn sie das wünschen. Aber die Tatsache, dass sich die Vorschüsse dieser Banken auf etwa 20 £ pro Kopf belaufen. des ganzen Volkes zeigt, wie sehr es bevormundet wird.

Betrachtet man die politische Seite dieses Landes, so scheint es, dass die Zelanier insgesamt über das rationalste Steuersystem aller Völker verfügen. In dem Bestreben, die „heimische Industrie“ zu fördern, und auch von Gewohnheiten beeinflusst, sehen die Gesetze vor, dass die notwendigen Einnahmen durch die üblichen Methoden, direkte und indirekte Steuern, erzielt werden, aber ich werde hauptsächlich von ersteren sprechen. Davon sind, sagen wir, 3.113.000 £ etwa 74 Prozent. wird durch indirekte Methoden oder aus Einfuhr- und Verbrauchssteuern aufgebracht, während 26 Prozent. wird durch eine direkte Grund- und Einkommenssteuer erhoben.

Auf Grundstücke und Einkommen sind die Steuern gestaffelt, wobei die Steuersätze mit der Steigerung des Einkommens oder des Wertes des Anwesens steigen – die auf Grundstücke beziehen sich auf den nicht verbesserten Wert. Dieses System der abgestuften Besteuerung ist ein neuer Ansatz, eine Umkehrung der Geschichte der Jahrhunderte. Es basiert auf der Idee der sozialen Verteidigung der Persönlichkeitsrechte. Es ist klar, dass je mehr Eigentum eine Person besitzt, desto größer sind ihre Schutzansprüche an die Gesellschaft, und die Staffelsteuer verlangt lediglich eine zusätzliche Miete für zusätzliches Zimmer oder eine zusätzliche Gebühr für die zusätzlichen Kosten für die zusätzliche Sicherheit. Tatsächlich handelt es sich um eine Zusatzversicherung für zusätzliche Risiken.

Die Berechtigung dieser Idee ist seit vielen Jahren für nachdenkliche Männer klar, die nichts zu besteuern hatten; Aber in Zelania bedeutet die Entdeckung einer neuen Wahrheit, eine neue Position einzunehmen. Zelania lässt nicht zu, dass ihre intellektuellen Juwelen im Gehirn des Akademikers einrosten.

Unter Zelanias neuartiger Politik zeigen die Bücher, dass sie im Verhältnis zur Bevölkerung eine höhere Staatsverschuldung trägt als jedes andere Land, aber für jeden Schilling ihrer Schulden verfügt sie über mehr als zwei Schilling an wertvollen Vermögenswerten, und für den größten Teil davon verfügt sie über ein reproduktives Vermögen Vermögenswert. Tatsächlich trägt die Last also dazu bei, die Menschen zu tragen. Wie andere „stark involvierte" australasiatische Staaten gehört es, gemessen an der Herrschaft anderer Nationen, zu den am wenigsten belasteten Staaten überhaupt.

„Und diese Leute waren geschickt im Handwerk."

Oseba erzählt seinem Publikum ausführlich über die verarbeitende Industrie von Zelania, aber ein kleiner Raum wird ausreichen, da es besser ist, sich an die Eile der Zeit zu erinnern. Der Kernpunkt ist, dass es angesichts der Neuheit des Landes und der engen Grenzen der Märkte einen lobenswerten Fortschritt im verarbeitenden Gewerbe gegeben hat. Die Hauptindustrien haben sich natürlich aus den häufigsten und ertragreichsten materiellen Ressourcen des Landes entwickelt.

„Meine Kinder", sagte Oseba, „wir sind nie fertig mit Zelanias Wundern. Während sie für Anstrengung die verlockendsten Belohnungen bietet, gibt sie nichts Fertiges. In ganz Zelania war und ist nichts von dem „Steh auf, Petrus, töte und iss" zu finden, aber überall ist zu sehen: „In meiner Schatzkammer sind viele Juwelen, und der, der meine Tür nicht öffnen kann und." „Meine Truhe aufzuschließen wäre ein unsicherer Verwalter meines Reichtums, ein unwürdiger Empfänger meiner Gunst." Oder sie hält alle ihre Versprechen, wie das fröhliche und schelmische Mädchen, das sagt: „Fang mich und du hast einen Kuss." Jeder Mensch in Zelania, der sich mühelos auf die Natur verlässt, könnte vornehm verhungern; Aber wenn man sich auf die Hilfe der Natur verlässt, kann jeder Mann in Zelania wie ein Prinz leben.

„Zelania hatte keine einheimischen Tiere und eigentlich keine einheimischen Gräser, und ihre Früchte waren dürftig, aber sie besaß die magische Kraft der Fruchtbarkeit, und sie sagte: —

„Ich bin der Ernährer." Wie die klugen Jungfrauen
habe ich lange auf einen würdigen Freier gewartet. Durch Handeln erhob ich mich aus dem Schoß der verrückten Meere. Durch Handeln erhoben sich meine himmelsdurchdringenden Berge. Durch Handeln wurden meine Flüsse gegraben und Ebenen gedüngt. Durch Handeln erschaffen Ich

verbarg meinen Reichtum an Mineralien. Und da ich die „Aktion" liebe, verspreche ich dem, der auch nur eine Unze Schweiß gibt, ein Pfund glitzerndes Gold.

„Ja, so wie Zelanias Gesetze Pfund für Pfund private Spenden für wohltätige Zwecke gewähren, so belohnt Zelanias Glücksgöttin ehrliche Arbeit um ein Vielfaches.

„Zelania bietet nichts für Faultiere, alles für die Industrie. Ihre Schätze sind alle verborgen, aber ein Pflug enthüllt sie. Kitzeln Sie ein Feld mit einer Egge, und es lacht mit einer Ernte von hundert Scheffeln pro Hektar. Entfernen Sie einen Farn, ein Kleezweig kommt. Bringen Sie ein kleines Kaninchen mit, um die Jungs zu unterhalten, und siehe da! Die Natur freut sich so sehr, dass die „Jungen" sich beeilen müssen, um die Ernte zu retten.

„Nun, da Zelania in jeder Hinsicht zum Handeln anregt, erforschen ihre Leute alle Bereiche industrieller Unternehmen. Obwohl die Löhne hoch und der Markt für die meisten Industriegüter sehr begrenzt ist, konnten in vielen Bereichen der künstlerischen Produktion durchaus angemessene Erfolge erzielt werden.

„Natürlich beziehen sich die wichtigsten dieser Industriezweige", sagt er, „auf das, was man als rohe Weideprodukte bezeichnen könntc: Fleisch, Wolle, Butter und Käse." Die Liste der Hersteller umfasst etwa zwanzig allgemeine Klassen, die über hundert Unterklassen abdecken.

„In der Regel sind die Produktionsstätten recht gut ausgestattet, insbesondere die Maschinen für die Fleisch- und Molkereibetriebe sind auf dem neuesten Stand. Die Löhne der 41.000 Beschäftigten sind hoch. Fast 8.000.000 £ werden in Anlagen investiert, und die jährliche Produktion beläuft sich auf 17.000.000 £. Sicherlich sprechen diese Tatsachen stark für den Unternehmungsgeist eines so neuen Volkes.

„Aber, Zelania, es waren nicht deine ‚Reichtümer', noch dein Handel, es waren nicht deine Felder, deine Früchte, deine Wolle, die dich bei Göttern und Menschen geliebt haben, noch Gold; noch stattliche Kuppeln. Es war „Gerechtigkeit", eingraviert auf den Portalen deiner Häuser. Denn du hast zuerst gelernt, dass Männer und Frauen groß sein müssen, sonst prahlt die Torheit nur mit der Größe eines Staates."

SZENE VIII. – Akt IV.

DIE MORALISCHE SEITE.

BEZÜGLICH der moralischen Seite von Zelanias Fortschritt waren die Notizen sehr ausführlich, aber die Geschichte wird kurz und hauptsächlich im weniger keuschen Stil von Marmaduke erzählt:

Wenn der große Entdecker recht hat, erfreuen sich die Menschen in Zelania in der Regel einer ausgezeichneten Gesundheit – oder sollten sie genießen – obwohl wir selten etwas „genießen", was sehr gewöhnlich ist. Natürlich hat Zelania noch keinen Typus entwickelt, obwohl sie mit ihrer Aufgabe begonnen hat, denn während die Zelanianer von hervorragender Abstammung sind, soll der „geborene Zelanianer" dem Durchschnittsmenschen überlegen sein, sowohl in Bezug auf seine körperliche Leistungsfähigkeit als auch seine geistige Wahrnehmung des Mutterlandes. Die Natur, meint Herr Oseba, wird das „sauerampfere Haar", die weiße Haut, den strahlenden Teint, die feinen Schultern und den festen „Verstand" bewahren.

Die Zelanianer sind dem Mutterland treu. Sie sprechen von Großbritannien als „Heimat", und als Kompliment an das Land ist die Farbe, mit der es seine Abhängigkeiten malt, auf den Wangen der zelanischen Damen deutlich zu erkennen.

Wenn Zelania ihr Blut nicht durch übereilte Zugänge zu ihrer Bevölkerung verwässert, wird sie in ein paar Generationen für die beste Art von geistiger und körperlicher Mann- und Frauschaft sorgen, die jemals auf der Oberfläche von Oliffa einen Fußball getreten oder „den Block gemacht" hat.

Maori Wharepuni.

In der Fürsorge für die Unglücklichen, die Tauben, die Stummen, die Blinden und die Wahnsinnigen ist Zelania bereits auf der „glücklichen" Seite, wie Herr Oseba reichlich bezeugt.

Oseba sagt:—

„Als Beweis für die Zufriedenheit der Menschen in Zelania mit ihrem gegenwärtigen Zustand muss nur die niedrige Sterblichkeitsrate unter der Bevölkerung erwähnt werden. In den letzten elf Jahren waren es durchschnittlich weniger als zehn Personen pro Tausend. Im gleichen Zeitraum lagen die Raten in Dänemark, Norwegen und Schweden bei etwa 16 Promille; im Vereinigten Königreich über achtzehn Promille; in Deutschland und Frankreich etwa 22 Promille; in Italien etwa fünfundzwanzig; und in Österreich über 27 Promille. Dann scheint es, dass ausgerechnet die Zelanianer mit ihrer gegenwärtigen Situation am zufriedensten sind. – Vielleicht zögern einige sogar etwas zu lange.

„Obwohl diese Menschen es alle ernst meinen und – nach einiger Zeit – in den Himmel kommen wollen, scheinen sie es nicht eilig zu haben, damit anzufangen, und haben wenig Lust, klimatische Veränderungen zu riskieren.

„Hätte sich die Natur mit anderen unvergleichlichen Wundern richtig um ihre Geschäfte gekümmert, hätte sie den ‚Brunnen der Jugend' an einigen dieser bezaubernden Orte platziert, denn das ‚vorzeitige Abheben' eines Menschen in Zelania scheint völlig ungerechtfertigt zu sein. Eine Person, die bereitwillig ein anderes Land verlässt, könnte berechtigt sein, die Änderung vorzunehmen, aber wenn sich jemand dauerhaft aus Zelania zurückzieht, bedeutet das, dass es sich um Zwang handelte, um die Ausübung einer fremden Macht.

„Seltsam, aber den Büchern zufolge wurden in einem Jahr in Zelania neunundsiebzig Selbstmorde begangen, obwohl es unglaublich erscheint, dass irgendjemand in Zelania freiwillig in den Ruhestand gehen sollte. Natürlich wollten sie möglicherweise vor einigen ihrer Nachbarn in den Himmel kommen, denn in Zelania gelten sie gerne als etwas fortgeschrittener.

„Um die öffentliche Gesundheit zu gewährleisten oder zu sichern, gibt es kluge Gesundheitsgesetze, Wohlfahrtseinrichtungen und Krankenhäuser; Die Ausübung der Medizin wird mit Bedacht gehütet und von fähigen Ärzten betrieben. In all diesen öffentlichen Angelegenheiten leistet die Regierung – das heißt das Volk in seiner organisierten Funktion – äußerst großzügige Unterstützung.

„In örtlichen Krankenhäusern oder Wohltätigkeitsorganisationen spendet die Regierung normalerweise Pfund für Pfund für alle privaten Beiträge, und die vielen Einrichtungen dieser Art in ganz Australasien bieten aufmerksamen Reisenden eine angenehme Überraschung.“

„AUF DER MACHE.“

Herr Oseba interessierte sich sehr für das „Unternehmen“ der Outeroos. Ich zitiere:-

„Ich habe alle Länder der oberen Kruste von Oliffa besucht und festgestellt, dass die Outeroos viel körperliche Bewegung betreiben. Sie sind in ein wahnsinniges Gerangel um Dollars verwickelt. Es ist nicht ganz klar, warum irgendein Mann so viele „Dollars“ wollen sollte, aber es ist ganz klar, dass er sie will. Männer mit sehr vielen Dollars sind in den meisten Dingen den Männern mit sehr wenigen Dollars sehr ähnlich; Sie haben Angst vor Pocken, die Kälte und die Hitze machen sie durstig, und die wohlgeformte Schauspielerin dreht sich gleichermaßen um ihre flachen Köpfe. Dann hält der düstere Streitwagen, der Abfälle aus der „Stadt der Verwirrung“ transportiert und in der „Stadt des Schweigens“ deponiert, genauso schnell am Anwesen von Lady Bountiful an wie an der Hütte der Wäscherin.

„Wenn der Dollarmann stirbt, ist er ungefähr so tot wie sein Lakai – unter ähnlichen Umständen. Er wird ungefähr genauso lange tot sein, und was auch immer seine Möglichkeiten zur Vermögensübertragung während seiner aktiven Geschäftstätigkeit sein mögen, er kann nichts davon mitnehmen. Aber vielleicht ist es gut, denn wenn die alte Geschichte wahr wäre, würde sie wahrscheinlich verschwinden.

„Die Welt wurde durch die magische Kraft des modernen Genies erweckt und wird durch angelsächsische Handelsunternehmen geeint. Die Nationen werden immer wohlhabender; Gold ist der einzige Gegenstand des Ehrgeizes, der Arbeit, der Produktion und des Handels. Für Gold streben die Fleißigen, der Herzog heiratet, der Chef raubt, der Politiker „verhandelt", der Anwalt täuscht, der Richter entscheidet, der Adlige betrügt und der „Pfarrer" sammelt Geld. In diesem enormen Durcheinander treiben sehr viele Menschen viel – einige „schneiden die Gutscheine ab" und sind glücklich.

„Aber die überlegenen Outeroos sind nur verkleidete Heiden, meine Kinder, und Gold ist der universelle Gott. Als Moses das „goldene Kalb" zerschmetterte, müssen es viele Bruchstücke gewesen sein, und jedes kleine Stück muss sich zu vielen ausgewachsenen Ochsen vervielfacht haben.

„Diese Gottheit sollte jedoch niemals ,eifersüchtig' werden. Seine Anbeter haben mindestens eine starke Tugend, denn unter all den Millionen von ihnen kniet kein einziger Heuchler. Während die anderen Gottheiten gelegentlich verspottet und oft vernachlässigt werden, ist das „goldene Kalb" immer zu sehen. Aber er kümmert sich ums Geschäft, und in allen Bereichen verfügt er über wunderbare Kraft.

„Das Genie hat die Hand der Arbeit beschleunigt", sagte Oseba, „aber es hat die Gefühllosigkeit nicht beseitigt, und fast überall auf der Oberfläche von Oliffa zeugt die Opulenz des Herrenhauses von der Erbärmlichkeit der Hütte." Der Eigentümer des einen plant, der Pächter des anderen schuftet. Der Mann, der arbeitet, arbeitet für einen anderen; der Mann, der „intrigiert" – nun, der andere Kerl geht am Ende der Woche zu ihm, um einen Scheck zu holen. Bis zur Errichtung der großen Demokratien der Antipoden verschwor sich jede Regierung der Welt, unabhängig von Titel, Stil oder Form, mit List, um die Leichtgläubigkeit zu rauben, und mit dem Intriganten, um die Werktätigen auszurauben.

„Ich habe so argumentiert, meine Kinder, damit ihr, wenn ihr ,dieses Bild und dann dieses anschaut', erkennt, dass Zelania der Welt eine Sozialpolitik eingeführt hat, mit der das Volk in seiner organisierten Eigenschaft für das Volk gesorgt hat." , in ihrer individuellen Kapazität, ein umfassenderes Maß der Früchte ihrer geistigen und körperlichen Anstrengungen, als sie jemals in irgendeinem anderen Land unter der Sonne genossen wurden.

„Es ist nicht einmal eine Politik des ,größten Wohls für die größte Zahl', denn da das reinste Glück in der Teilnahme an der allgemeinen Freude besteht, ist es eine Politik des größten Wohls für alle."

„Zelanias Motto lautet: ‚Wer verdient, wird haben, und wer sich bemüht, wird genießen.' Darin haben die Menschen besser gebaut, als sie wussten, und bald wird Zelania der auffälligste Ort auf Oliffa sein, und Tausende von Menschen werden ihre wunderbaren Küsten besuchen, nicht mehr, um die Museen der Götter zu genießen, sondern um die Bräuche und Sitten zu studieren Charakter der ersten Nation emanzipierter Männer.

„Obwohl Zelania heute die führende Sozialpionierin der Welt ist, wurde sie von der heutigen Generation der Menschen praktisch der Natur entrissen. Die Zelanian-Inseln waren das letzte beste Geschenk der Natur an die edelste Rasse ihrer edelsten Geschöpfe – die Götter schienen auf einen richtigen Pächter für diese mehr als elysischen Felder gewartet zu haben.

„Zelania, meine Kinder, ist der Johannes in der Wildnis – der Prophezeite des Alten, der Prophet des Neuen. Sie ist das Leuchtfeuer der Gegenwart, die göttliche Fackel der Zukunft.“

Oh, das ist inspirierend! Machen wir einen Amateur-„Aufstieg".

Ihre Gebete werden der Göttin der Gerechtigkeit vorgelesen.
Vor dieser Göttin verneigen sich die Zelanier. Denn sie gab den Zelaniern weder einen Seher noch einen Priester. Sie gab ihnen den Brauch des Festes in Galiläa. Obwohl ihre Gaben für die Gegenwart und die Vergangenheit reich waren, bewahrte sie für diese Briten das „Beste für die zuletzt."

Hier bauten sie einen Tempel – er wurde nach dem Plan gebaut,
dass er der edelste Mensch ist, der der größte ist. Sie legten als Fundament die „Liebe ihrer Art“; für die Stärke des Bauwerks hielten sie fest daran fest, dass es kein Vermögen oder Glauben gab , aber Gerechtigkeit allein sollte immer der wichtigste Grundstein bleiben.

Sie bauten den Tempel – er wurde von Männern gebaut,
die aus dem Laden, vom Berg und vom Tal gerufen wurden.
Es wurde für Menschen gebaut – nicht für einige wie früher – es wurde aus Menschen gebaut, von den Türmen bis zum Boden. Es wurde zu stark gebaut, als dass die Starken Übertretungen unternehmen könnten, aber es wurde zu schwach gebaut, um die Schwächsten zu unterdrücken .

Begnadigung; Kehren wir zu Leos Notizen zurück, denn die bescheidene Offenheit von Herrn Oseba passt besser zu diesem Zeitalter der Prosy.

Sie kam – endlich.

„Und der Herr, Gott, sagte: ‚Es ist nicht gut, dass der Mensch allein ist; Ich werde ihn zu einem Hilfstreffen für ihn machen.'“

Ohne Respektlosigkeit würde ich das für eine ausgezeichnete Idee halten.

Den Notizen zufolge gab Herr Oseba einen äußerst erfreulichen Überblick über die häuslichen Beziehungen der Outeroos, mit besonderem Bezug auf die Stellung der Frauen.

Die Notizen zu dieser erfreulichen Phase der Rede waren ausführlich und lebhaft, aber auf einigen Dutzend Seiten werde ich die Eindrücke des Redners in meinem eigenen Gewand zusammenfassen, als ob ich selbst etwas zu diesem interessanten Thema gelernt hätte.

Die Stärkeren und Hochmütigeren unter den Outeroos werden Männer genannt, während die Gebrechlicheren, Sanftmütigeren und Geschwätzigeren Frauen genannt werden, was bedeutet, dass letztere in gewisser Weise „umworben und gewonnen" werden müssen, bevor sie das endgültige Ende ihrer Existenz erreichen.

In alten Zeiten gewann der Mensch diese schönen Geschöpfe in einem Wettlauf ums Leben. Sie „umwarben" sie mit einem Knüppel, nahmen sie gefangen, schleppten sie zu einer Hütte und ketteten sie an den Türpfosten, bis sie „überredet" wurden, die Austern zu schmoren. Aber diese Frau erfand mit einer Klugheit, die sie angeblich bis zum heutigen Tag bewahrt hat, geschickt eine Falle, in die sie, wie sie wusste, ihren „Herrn und Meister" – ein Beiname, der den Untergang der Imperien überdauert hat – seinen Brogan stellen würde.

Aus den Abfällen der „Küche" düngte sie den Boden an den Wurzeln eines schweren Grases, und es wuchs zu einem Korn heran. Sie befeuchtete eine Pflanze und sie öffnete sich zu einer Frucht. Sie zähmte das junge Tier, das sie zum Eintopf mitgebracht hatte, und es wurde zum treuen Hund. Mit einem Moospolster machte sie den Baumstamm, den ihr Herr als Kissen benutzte, weicher, und als er mit Sumpfschildkröten und Lachsbeeren zurückkam, schaute sie ihm ins dunkle Gesicht und lächelte.

Er war beeindruckt. Er nahm sie sanft bei der Hand, drückte sie an seine zitternde Brust und sagte in ihre tiefen, feuchten Augen: „Ich liebe dich." Er zerbrach die Ketten, die sie fesselten, und da die Handgelenksfesseln hartnäckig waren, polierte er sie zu Armbändern – und diese werden noch heute als Rudiment früherer Zeiten getragen. Was „Papa" sagen würde, kam später. Die beiden wurden ein Fleisch – welches war schon immer umstritten.

Dann wurde mit sehr erheblichen Einschränkungen vereinbart, dass sie Partner sein sollten. Sie, der umworbene Mann oder die umworbene Frau, sollte lieben, dienen, gehorchen, während er – die Oberaufsicht wahrnahm.

Das alte System wurde vor vielen Jahrhunderten nicht mehr verwendet, und das neue war eine Veränderung, größtenteils in der Form, kaum in der Tat.

In den Museen der Vergangenheit sind die alten Fesseln verrostet. Der Verein, dieser mächtige Überredungskünstler von einst, wurde dem Meister der Baseballmannschaft vorgestellt, und die Frau ist auf freiem Fuß. Aber da der Priester jetzt das Band unterzeichnet und heiligt, liegt die Veränderung in den meisten Ländern immer noch hauptsächlich im Charakter der Fesseln.

Alle Menschen haben Traditionen, die dazu beitragen, die Unterdrückung der Stärkeren zu rechtfertigen und die Schwächeren in ihrer Vasallenschaft zu versöhnen.

Aber die Zivilisation ist gewachsen – erst mit der Emanzipation der Frauen. So wie die Fesseln vom Gehirn, der Seele und dem Gewissen der Frau entfernt wurden, ist das soziale Ideal gestiegen, die willkürliche Gewalt wurde geschwächt und das Gefühl und die Vernunft haben die Oberhand gewonnen. Die Frau ist die Mutter; Aus erblichen und vorgeburtlichen Einflüssen entstehen Form und Charakter.

Wie kann eine Mutter mit dem Gefühl der Minderwertigkeit, einem Gefühl unterdrückter Abhängigkeit, ohne Mut und ohne bewusste Individualität, mutige, unabhängige, hochgesinnte Nachkommen hervorbringen? Nur von emanzipierten Müttern können vollstämmige Männer großgezogen werden, und so schreitet die Rasse langsam voran.

Das schneckenartige Tempo des menschlichen Fortschritts ist mehr der Vergangenheit und den politischen Ungleichheiten der Geschlechter zu verdanken als allen anderen bremsenden Einflüssen zusammengenommen.

Mit dem Fortschritt der Wissenschaft, mit der Nutzung der physischen Kräfte der Natur durch geistige Heldentaten verändern sich die relativen Positionen menschlicher Muskeln und menschlicher Gefühle, und mit einer kultivierten Vernunft treten unweigerlich tiefere Zuneigungen und höhere Ideale in Erscheinung.

Champagnerkessel in Wairakei, in der Nähe von Taupo.

Hier zitiere ich:—

„In Zelania sind Frauen ‚Menschen'", sagte Herr Oseba, „und Freiheit und soziale Rechte sind nicht auf einen bestimmten Schnitt der Kleidungsstücke beschränkt. In Zelania stehen die Mutter, die Frau und die Tochter stolz aufrecht neben dem Vater, dem Ehemann und dem Bruder – und noch immer kommen und gehen die Jahreszeiten, die Regenschauer sind wie immer feucht, die Früchte reifen mit der Zeit, Die schöne „Mitwählerin" ist ebenso sehr überrascht über die Plötzlichkeit der lang ersehnten Frage, Papa wird wie einst angerufen und die fröhliche alte Welt schwingt fröhlich auf ihrer ereignislosen Reise.

„In Zelania wählen meine Kinder, die Frauen, und fordern die gleichen politischen Rechte wie diejenigen, die die Opernkarten kaufen und das Eis servieren. Natürlich gehen sie nicht ins Parlament, außer zu den Sitzungen, zu denen sie ihr liebevolles Lächeln und ihre Näharbeit mitbringen, aber sie sind auf dem Weg und werden trotzdem dort ankommen.

„Aber mit dem Aufkommen der Frauen sind nur wenige Veränderungen zu beobachten – so wenige der Hoffnungen oder Befürchtungen der Jahrhunderte haben sich erfüllt. Die Frau trägt keine Sporen – sie hat ihren Platz nicht verlassen – und sie macht keine Sehenswürdigkeiten, wie es ihr Mann tut, und schwört, dass sie im „Hauptbuch" festgehalten wurde. Sie ist nicht männlich geworden, denn sie ist immer noch die sanfte Mutter der Kinder, und sie ist immer noch dieselbe liebe alte Mutter oder Ehefrau, Schwester oder Geliebte wie einst, als Zeus sagte: „Siehe!" Wenn die Schöne lächelt, ist der Sieg nahe.'

„Aber auch alle so zuversichtlich gehegten Hoffnungen haben sich nicht vollständig erfüllt. Es sei nicht entdeckt worden – so heißt es –, dass sich die „politische Atmosphäre" wesentlich verändert habe; dass sich der persönliche Charakter der Gesetzgeber stark verändert; dass die Sozialethik revolutioniert wurde; oder, zur Überraschung vieler, dass der Abstand zwischen den Getränken erheblich verlängert wurde. Aber was auch immer die Mittel sein mögen, große Veränderungen kommen langsam.

„Tatsache ist, dass die Erfahrung von Zelania bei drei Parlamentswahlen eher darauf hindeutet, dass die Männer und Frauen des Landes in sozialen, politischen, wirtschaftlichen und moralischen Fragen ungefähr mit der gleichen Faust ‚geteert' werden.

„Aber in dieser Reform gibt es einen Sinn für Gerechtigkeit und eine bewusste Weite der Seele, die geistig beflügelnd ist und sich überall positiv auf die Gesellschaft auswirken muss. In der Luft von Zelania rosten alle Fesseln, und die Flagge eines neuen Sieges, der über traditionelle Bräuche und Selbstsucht hinweggefegt ist, wird in diesem edlen Land entfaltet. Die Menschen in der Ferne werden zunächst träumen, dann zögern, dann nachfragen und dann zu dem Schluss kommen, dass sie es getan haben ein Neumischen der Karten in diesem zweifelhaften Spiel des Lebens."

INTELLEKTUELLER GESCHMACK.

„Wenn Zelania stolz auf ihr Bildungssystem ist, kann man ihr verzeihen", war Osebas erster Hinweis auf den intellektuellen Ehrgeiz ihres Volkes. Er äußerte sich eloquent zu diesem Thema. Wie jeder Denker „erraten" konnte, ließen die Zelanier sicherlich nicht nach, ihre geistigen Vorlieben zu heben oder Vorkehrungen für die Bildung der künftigen Bürger zu treffen.

Der Grundstein für das heutige ausgezeichnete Schulsystem wurde von den alten Provinzbehörden gelegt, und die besten Hoffnungen der Pioniere, die daran glaubten, „den jungen Leuten das Schießen beizubringen", werden wunderbar verwirklicht.

Der Redner sagt: –

„Derzeit 82 Prozent. der Menschen in Zelania verfügen über die Grundkenntnisse der Bildung, was angesichts des Pioniercharakters des Landes „Bände spricht" für die Gemeinschaft.

„In der Kolonie gibt es über 2.000 Schulen mit etwa 150.000 Schülern. Etwa 1.600 dieser Schulen sind kostenlos und alle Kinder im Alter von sieben bis vierzehn Jahren müssen sie besuchen. Auch die Einheimischen werden mit 96 dieser kostenlosen Grundschulen versorgt, die von 4.500 Schülern besucht werden. Ziemlich neu; aber die Eisenbahnen befördern die Kinder kostenlos zur und von der nächsten Schule.

„In den Grundschulen werden den Mädchen neben den üblichen Fächern wie Lesen, Schreiben, Rechnen, Geographie, Grammatik und Geschichte, den Grundwissenschaften und Zeichnen auch Nähen und Hauswirtschaft beigebracht und die Jungen zum Militär ausgebildet Helden.'

„Neben diesen kostenlosen Grundschulen gibt es viele weiterführende Schulen, die teils von der Regierung, teils durch „Gebühren" unterstützt werden, und viele weitere private und konfessionelle Schulen in sehr gutem Zustand. In der Regel lehnt es eine Religionsgemeinschaft – die Katholiken – ganz allgemein ab, die öffentlichen Schulen zu unterstützen, und diese Kirche unterstützt unabhängig voneinander eine große Anzahl hervorragender Bildungseinrichtungen. Es gibt acht technische oder künstlerische Schulen, die von etwa 3.000 jungen Menschen besucht werden, von denen die meisten zu diesem Zeitpunkt ihre Schullaufbahn beenden. Die an diesen Schulen gelehrten Zweige und die Prüfungsfächer decken ein weites Feld ab, und der junge Mensch, der sie beherrscht, kann für die meisten Schlachten dieses aktiven Alters als ziemlich gut gerüstet angesehen werden. An diesen Schulen ist ein junger Mensch mit dem „Praktischen" ausgestattet, und es besteht kaum die Gefahr, dass er „überfüllt" wird.

„Tatsächlich, meine Kinder", sagte Herr Oseba, „sind viele Länder der Oberschicht voller gebildeter Dummköpfe, die durch Überfüllung geistig deformiert sind und von der Hoffnung beseelt sind, von ‚Schaffell' zu leben; Da Zelania jedoch praktisch keine reiche oder gemächliche Klasse hat, besteht die Grundidee der Schulausbildung darin, die heranwachsende Generation nicht für den Zierdienst, sondern für den praktischen Dienst zu qualifizieren.

„Zelania verfügt als Schlussstein ihres Bildungsgebäudes über eine Universität, die 1874 per Gesetz des Parlaments gegründet wurde, nicht um zu lehren, sondern um eine liberale Bildung zu fördern. Diese Universität ist eine Prüfungs-, Stipendien- und Abschlussvergabeinstitution, und die Verantwortung für den Erfolg der Universitätsarbeit liegt hauptsächlich bei den vier angeschlossenen Lehrhochschulen, die über Lehrpläne in den Bereichen Naturwissenschaften, Kunst, Medizin, Recht, Bergbau und Ingenieurwesen verfügen und Landwirtschaft.

„Dann gibt es Industrieschulen, Schulen für Blinde, Taube und Stumme, die alles in allem ein großartiges System darstellen, das alle mit hohen Kosten für den Staat betrieben wird." Aber der allgemein hohe Charakter der Menschen, ihr übliches Auftreten und Benehmen, der durchschnittliche moralische Ton und das weitgehende Fehlen von Grobheit und Vulgarität sprechen stark für die Vorzüge des Bildungssystems des Landes sowie für die natürliche und soziale Einflüsse, die die Gesellschaft prägen."

ANDERE „GESCHMÄCKE".

Nach den Aufzeichnungen von Leo Bergin war Oseba zutiefst beeindruckt und erfreut über den nächsten Lebensabschnitt Zelanians, denn er sagte:

„Wie zu erwarten war, meine Kinder, findet sich in einem Land, das von der Natur so gesegnet ist, von einer so edlen Rasse bewohnt wird und von solch unvergleichlich weisen und großzügigen Gesetzen regiert wird, das Wort ‚Armer' nicht in den Statistiken von Zelan und den ‚Verbrechern' „Angesichts der Neuheit des Landes gibt es in der Tat nur wenige."

Über den Charakter des Verbrechens sagte Oseba:

„Laster und Tugend, meine Kinder, sind größtenteils Fragen der Empfindung. Die Handlungen von Menschen, die unangenehme Empfindungen hervorrufen – unmittelbar oder entfernt – nennen wir Laster, während wir das Gegenteil Tugenden nennen. Wir sind das Produkt der Erfahrung. Laster ist der Wegweiser zur Tugend – das Gefahrensignal. Ohne Laster gäbe es keine Definition für Tugend.

„Aber der Geschmack hat viel mit der Führung eines Volkes zu tun. Die Zelanianer haben einen Sinn für Wissen, aber sie haben einen anderen Geschmack. Die christlichen Outeroos sind durstig und die Zelanianer sind Outeroos. Seltsam, aber in einem einzigen Jahr wurden über 7.000 dieser edlen Zelanier wegen ihrer ernsthaften Bemühungen, diese eigenartige Leidenschaft zu befriedigen, verhaftet. Das scheint unglaublich, denn obwohl es in Zelania mehrere Menschen gibt, von denen man nie weiß, dass sie durstig sind, werden jährlich etwa 7.000.000 Gallonen Bier verbraucht, um den „Verdauungskanal" der Zelanier zu füllen. Es ist nicht ganz klar, warum bei einem so guten Vorrat und einem so kurzen zeitlichen und räumlichen Abstand zwischen den Getränken dieses eigentümliche Gefühl den Kopf der Menschen verdrehen sollte.

„Viele sehr wohlmeinende Leute glauben, dass es weniger ‚Verhaftungen‘ für diese eigenartigen Freaks geben würde, wenn der Abstand zwischen den Getränken verlängert würde, andere, die großes Interesse an der Angelegenheit haben, meinen, dass die meisten dieser verwirrten Personen währenddessen ‚aufgegriffen‘ werden.“ ihre lange Suche nach jemandem, der das „Anschreien“ übernimmt.

„Allerdings“, sagte Oseba, „gibt es eine erfreuliche Seite, nämlich 51 Prozent.“ Obwohl die über fünfzehnjährige Bevölkerung in Zelania geboren wurde, soll dieser Anteil nur 17 Prozent versorgt haben. der Einnahmen des Gerichts für dieses verwirrende Spiel.

„Bei anderen Straftaten sind es 51 Prozent. von einheimischen Möbeln, aber 28 Prozent. der Gesetzesbrecher.

„Es kann sein, meine Kinder, dass die 49 Prozent. der im Ausland Geborenen, die angeblich den Rest ausmachen. der „Einnahmen“ feiern nur ihre Ankunft in einem so glorreichen Land – einem Land, in dem man mit dem Tagesverdienst, so heißt es, viele Biere bezahlen kann. Auf jeden Fall scheint der gebürtige Zelanianer der bessre Mann zu sein, denn entweder ‚ruft‘ er seltener oder ‚trägt seine Last besser‘ als der ‚neue Kumpel‘.“

Aber alle sind durstig, Herr Oseba, und die „Praxis an der Bar“ ist zwar nicht gewinnbringend, aber berauschend.

Sie denken, sie wollen etwas trinken.
Wenn es nass ist, wollen sie etwas trinken. Wenn es trocken ist, wollen sie etwas trinken. Wenn es warm und kalt ist; wenn sie jung und alt sind – denken sie, und wenn sie denken, wollen sie etwas trinken. Wenn sie krank sind und wenn es ihnen gut geht, auf dem Weg in den Himmel oder für – dann denken sie – sie wollen etwas trinken. Aber denken sie, wenn sie jemals trinken? Oder verwirrt das Getränk das Denken?

„Aber die Tatsache“, sagte Herr Oseba, „dass es in einem Jahr zwölf Morde gab, überrascht den fragenden Fremden am meisten.“ Sicherlich sollte sich kein gut „quartierter“ Mann in Zelania darum kümmern, getötet zu werden, und der rücksichtslose Kopf, der planen würde, oder die rücksichtslose Hand, die einen Plan ausführen würde, um ein Leben in Zelania zu beenden, sollte auf irgendeine Weise von einem so niederträchtigen Vorhaben abgehalten werden . Rechnet man jedoch die Morde aufgrund ausländischer Herkunft ab, ergibt sich für die Zelanianer – wie zu erwarten – die sauberste Bilanz in der „christlichen“ Welt.

„Die Zelanianer, meine Kinder, sind normalerweise froh, dass sie am Leben sind, und normalerweise sind sie auch bereit, anderen zu erlauben, zu bleiben und die Unterhaltung zu genießen."

INTELLEKTUELLE GYMNASTIK.

Die Notizen zur zelanischen Kunst und Literatur waren sehr umfangreich und kostenlos. Es heißt, dass sich Kunst erst mit zunehmendem Alter entwickelt und dass, während der Aspekt der Natur die poetische oder künstlerische Vorstellungskraft ansprechen mag, Kunst aus vorherrschenden Ideen, aus tief verwurzelten Gefühlen und wie in neuen, aktiven, fortschrittlichen und kommerziellen Ländern entsteht Da die vorherrschenden Ideen nicht zum Träumen einladen und nicht gefühlvoll auf Leinwand ausgedrückt werden können, muss Kunst in Zelania eine Saison lang „importiert" werden. Aber die Literatur ist gekommen, und Literatur ist Zivilisation.

Die Notizen gehen weiter:

„Literatur, oder um das Thema zu erweitern und die Vorliebe für Wissen und allgemeine Lektüre in Zelania auszudrücken, verdient viele Komplimente. Auch wenn es bis jetzt noch keine Literatur gibt, die den besonderen Stempel Zelan'schen Genies trägt, wurden viele Bände mit echtem Wert geschrieben, sowohl in Prosa als auch in Versen, und die Themen zeugen von einem vielseitigen Geschmack, Wissen und Vorstellungskraft.

„Während Zelania von Natur aus ein Land der Romantik, der Poesie und des Gesangs, der Bühne, des Rennens und des Saals sein muss, muss die Robustheit des Bestands doch zunächst eine ausreichende Menge an Werken von a hervorbringen Der Charakter wird ernster, da der gegenwärtige Überschwang der Gesellschaft sich in Richtung erholsamer Meditation abschwächt. Heute geht Zelania Walzer, morgen geht sie spazieren und nächste Woche wird sie nachdenken.

„Zelania verfügt über viele gut geführte Bibliotheken, und gemessen an der Bevölkerungszahl kaufen, bezahlen und lesen die Zelanier mehr Bücher als jedes andere Volk auf der Erde. Die Art von Büchern? Nun ja, genau die Art, die jeder Student erwarten würde – Müll, das meiste davon, denn Schrott ist überall der Zeitgeschmack.

Silica-Terrassen, Orakei Korako, zwischen Rotorua und Taupo.

„Aber es zeigt die Lust am Lesen, und wenn diese Kinder älter werden, wird eine nüchternere Klasse von Büchern ihren Weg von den Regalen auf den Schreibtisch des Lesers finden. Selbst jetzt schwindet in Zelania die Vorliebe für Blood-and-Donner-Literatur, während fröhlicher und keuscher Humor mit Einblicken in die Lebensphilosophie immer beliebter wird. Das Herz einer Nation kann man zwar anhand ihrer Gesetze erkennen, aber das Herz, die Seele und die Gesetze sind das Produkt der nationalen Literatur. Literatur ist Zivilisation.

„Die Zelanianer sind eine neue Gemeinschaft – die Menschen sind erst vor kurzem zusammengekommen – die Gesellschaft ist in einem ‚Eintopf‘, da die Mitglieder nur wenig gegenseitige ‚Bekanntschaft‘ haben und wie die neue Umgebung, die Luft und der Aspekt der Natur vermuten lassen Heiterkeit, alle Predigten der Welt würden diesen zelanischen „Feiertag“ nicht in eine Gebetsversammlung verwandeln. Im Zelanian-Charakter erscheint der funkelnde Diamant, und in der Zelanian-Faser gibt es auch die Eiche und den Stahl, die morgen erzählen werden.

„Als Beweis für den geistigen Appetit oder die Lesegewohnheit haben und unterstützen die 800.000 Zelanianer 200 Zeitungen, von denen einige zu den großen Zeitschriften der Welt zählen, und der durchschnittliche Ton von keiner Presse der Welt ist höher als der von Zelania.

„Getreu den Rassenfehlern“, sagte Oseba, „sind die Zelanier, wie die Australier und die Amerikaner, keine Linguisten.“ Diese wunderbaren Menschen scheinen weder den Wunsch noch die Fähigkeit zu haben, „fremde Zungen“ zu sprechen. Nach kurzer Erfahrung hielt ich das für unglücklich, änderte aber nach und nach meine Meinung, denn die Welt verwendet nicht nur die englische Sprache [C], sondern auch „Schweigen ist Gold“, und es ist offensichtlich einfacher, ruhig zu bleiben In einer oder mehreren Sprachen hat diese Schwäche eine tugendhafte Seite.

„Mir ist im Ausland oft aufgefallen, wie die Meister vieler Sprachen dazu neigen, in einer weniger wohlklingenden Sprache auszubrechen, wenn sie sich bemühen, in einer zu schweigen, und sich dadurch verraten oder zumindest ein ansteckendes, gutmütiges Lächeln hervorrufen.“ Missbilligung.

„Aber die mentale Gymnastik in Zelania hat zu zahlreichen sichtbaren Ergebnissen geführt.

„Obwohl das Land in allen Phasen des modernen Lebens, politisch, sozial, juristisch, erzieherisch und religiös, sehr neu ist, besitzt es eine wunderbar symmetrische Form. Für seinen gegenwärtigen großartigen Zustand ist das Land den Bemühungen von Männern zu verdanken, die selbst das Ergebnis eines harten, aber glücklichen und interessanten Koloniallebens waren.

„So neu und fern dieses Land auch ist, so eng der politische, industrielle und soziale Horizont auch war, durch die Kraft des ererbten Mutes und die unwiderstehliche Überzeugungskraft des romantischen Umfelds, in Bezug auf körperlichen Mut, in moralischer Ausdauer und in intellektueller Stärke, Zelanias Führung.“ Männer werden sich gut mit denen vergleichen lassen, die in den historischen Zentren der großen Welt ausgebildet wurden.

„Der jetzige Ministerpräsident, der das Staatsschiff mehr als zehn Jahre lang auf seinem wunderbarsten Weg geleitet hat, absolvierte die raue Schule der industriellen Tätigkeit und machte Zelania nicht nur zu einer besseren, indem er die Werkzeuge der Sitte und Täuschung ablegte war ein auffällig roter Fleck auf der Weltkarte, wurde aber selbst zu einer anerkannten Kraft in den Räten des Imperiums.

„Aber neben ihren fortschrittlichen Staatsmännern ist Zelania reich an robuster Männlichkeit und Fähigkeiten – graue Substanz. Ihre Schulen und Hochschulen stehen im Vergleich zu den Bildungseinrichtungen älterer und reicherer Länder gut da; ihre Lehrer sind profunde Gelehrte; ihre Justiz würde mit ihrem jetzigen Oberhaupt die Bank des Mutterlandes selbst schmücken; und ihre Fachleute aus den Bereichen Recht und Medizin würden den Durchschnitt nicht senken, wenn sie in einem anderen Land vereint wären.

„Natürlich, meine Kinder, noch sind nicht alle Meilensteine Statuen; Nicht alle, die in den Parks herumlungern, sind Dichter, und auch nicht alle, die durch die Straßen schlendern, sind Philosophen, aber nach der vorherrschenden Meinung in Zelania wird dieser edle Wunsch bald verwirklicht.

„Diese, meine Kinder, obwohl ich nicht mit den Staatsmännern getrunken habe, ich nicht vor Gericht gegangen bin, ich keinen Anwalt ‚gefüttert' habe und mein Gesundheitszustand während meines Aufenthalts in Zelania perfekt war, waren meine Eindrücke zu diesen Themen."

Um der Meinung willen.

„Lass dein Licht vor den Menschen leuchten, damit sie deine guten Werke sehen." (Normalerweise wird gehorcht. – ED.)

Unter dieser Überschrift waren die Notizen vollständig und klar, aber da das Leben kürzer und der Raum immer knapper wird, werde ich mich stark verdichten.

Amora Oseba informiert sein Publikum darüber, dass die Zelanianer eine beträchtliche Religion haben – tatsächlich scheint es fast genug davon zu geben, denn alle außer einigen wenigen sollen sie in einigen ihrer verschiedenen Formen haben.

„Von den 800.000 Menschen", sagt er, „gehören fast alle einer religiösen Gesellschaft an, und fast alle, die Gott als Vater bezeichnen, scheinen es für notwendig zu halten, die Kirche als Mutter zu betrachten – so wenige machen Geschäfte direkt."

„Von den verschiedenen Glaubensbekenntnissen beansprucht die Church of England etwa 40 Prozent. des ganzen; der Presbyterianer 22; und die römisch-katholische Kirche 14 Prozent. In Zelania gibt es fast 1.000 Geistliche, die als hochbegabte Herren gelten.

„Wie man es von einem so freien und zivilisierten Volk erwarten würde, herrscht in Zelania unter allen Klassen und Glaubensrichtungen ein lobenswerter Geist gemeinsamer Brüderlichkeit und Toleranz. Tatsächlich trinken Mitglieder verschiedener Glaubensrichtungen in derselben Bar und besuchen dasselbe Fußballspiel, obwohl sie aufgrund ihrer Erziehung den

Wunsch haben, mit verschiedenen Zügen in den Himmel zu kommen. Alle scheinen gemeinsam nach dem Allgemeinwohl zu streben und sind sich im gegenseitigen Einvernehmen über die Methoden zur Erreichung des einen gewünschten Ziels einig. Um ihre Anhänger jedoch so zu unterrichten, dass sie sicher sind, „den richtigen Zug zu wählen", stellen die Katholiken in der Regel ihre eigenen Schulen zur Verfügung, während sie durch allgemeine Steuern zum Unterhalt der meisten anderen beitragen. Wahrscheinlich gibt es in keinem so allgemein religiösen Land so wenig Glaubensvorurteile oder Intoleranz.

„Aber die politische und soziale Emanzipation verleiht dem Menschen überall eine bewusste Würde und einen Wert, der ihn in engere Harmonie mit der Unendlichkeit bringt und Sympathie, Liebe und Nächstenliebe einfordert. Die Menschen sind religiös, aber nicht bigott. Sie sind religiös, aber sie schrecken nicht vor Aberglauben zurück, und da sie speziell angeleitet wurden, äußern sie keine Abneigung gegen die Methoden der Gottheit.

„Tatsächlich beten die Zelanianer, wie alle gut regulierten Menschen, aber anstatt sich niederzuwerfen, stehen sie tapfer aufrecht, und da sie sich selbst als den krönenden Akt der schöpferischen Kraft betrachten, gratulieren sie dem Allmächtigen zu der Exzellenz seines Werkes." "

Hier fragte die Dichterin Vauline, ob alle Menschen unter den höheren Outeroos dieselbe Gottheit verehrten.

„Ja, meine Kinder", sagte der Weise Oseba offenherzig, „sonntags. Sonntags treffen sich die christlichen Outeroos an gemütlichen Orten und verehren den einzig wahren Gott. An den anderen Tagen widmen viele Menschen einer anderen Gottheit große Aufmerksamkeit. Über diese alltägliche Gottheit wird von Personen, die die großzügige Großzügigkeit anderer Menschen loben, sehr geringschätzig gesprochen.

„Diese Gottheit wird von vielen Menschen unter vielen Namen verehrt, aber die Amerikaner, von denen man sagt, dass er im Ausland großen Einfluss hat, schreiben es so: $. Es mag jedoch zweifelhaft sein, ob den Amerikanern das Lächeln dieser Gottheit wirklich mehr am Herzen liegt als anderen, aber sie stehen früher auf. Aus Tradition nennen ihn die christlichen Outeroos Mammon, und obwohl er von frommen Lippen sehr angeprangert wird, ist er an sehr heiligen Orten deutlich zu sehen.

„Natürlich, meine Kinder, gelten diese Beobachtungen nicht für die Zelanianer. Aber die Outeroos werden weiser, stärker, edler und besser, und die Menschen neigen zu der Vorstellung, dass derjenige, der den Menschen am meisten dient, Gott am meisten gefällt."

Richtig, Herr Oseba! Die Welt wird besser und wahrer religiös, je weiser sie
wird.

Wenn unser Himmel voller Dämonen ist –
in Hungersnot oder bei Festen – kauern wir vor dem Blitz und knien vor
dem Priester; wenn wir in den Höhlen herumkriechen, beim
Händeauflegen, bei unserem Dienst und unserer Substanz, unserem
Glauben und unserer Angst , befiehlt.Aber wir blicken in den Himmel –
ohne Stirnrunzeln und Stab – bis wir einen Blick auf Euklid werfen, dann
stehen wir Gott von Angesicht zu Angesicht gegenüber.

SZENE VIII. – Akt V.

„SEINER ANSTELLUNG würdig."

Und es wurde beschlossen, dass das Leben derer, die arbeiteten, verschont bleiben sollte.

DA Leo Bergin vor seiner Pensionierung selbst ein großes Interesse an allen industriellen Angelegenheiten zeigte, berichtete er ausführlich über Oseba, während die Arbeitssituation in Zelania besprochen wurde.

Es gab eine Pause und ein Mittagessen, und das Publikum zeigte sich erfrischt und zeigte großes Interesse an einem Problem, dessen Lösung über viele Generationen hinweg die besten Kräfte der fähigsten Staatsmänner in vielen Ländern beansprucht hatte. Als Text für seine angenehme Predigt sagte Oseba:

„Euch, meine Kinder, den Shadowas von Cavitorus wird es seltsam vorkommen, aber unter den christlichen Outeroos herrscht überall industrielle Verwirrung, mit wenig Aussicht auf baldige Harmonie – denn nur Zelania ist ein Land ohne Streiks, ohne Klassenhass. und diejenigen, die Parlamente haben, haben keine Arbeiterpartei in der Legislative."

Ich schließe aus den Notizen:

Zelania wurde von einer hervorragenden Klasse von Menschen besiedelt, und obwohl zu viele der besseren Länder, wie bereits erwähnt, zunächst in wenige Hände fallen durften, beeinflusst durch die Isolation und Entfernung von den Schauplätzen, die den alten Präzedenzfall schufen, durch die Die Neuheit der Umwelt, die Notwendigkeit, neue Mittel zur Befriedigung der neuen Anforderungen oder Bedingungen zu finden, und der zunehmende Einfluss des neuen Wettbewerbs in einem neuen, freien und aufregenden Klima – in Zelania herrschte ein Kopfrausch. und ein neues Mischen der Karten wurde aufgerufen.

Wo niemand reich war und alle arbeiten mussten, wurde der „Gramm" respektiert. Es entstand eine Interessengemeinschaft, und der Schreibende und der Schaffende marschierten Seite an Seite und wählten aus ihrer Mitte die Instrumente oder Diener aus, durch die das öffentliche Gewissen im Gesetz seinen Ausdruck finden sollte.

In Fragen der Kolonialpolitik berief sich keiner auf die „Schatten ehrenhafter Väter", keiner berief sich auf die „Erfahrung der Jahrhunderte", keiner fragte oder kümmerte sich darum, was Großbritannien oder Amerika taten,

sondern „wie können wir aus ihnen das bequemste Gebäude errichten?"
Material zur Hand?" war das Problem, das sie lösen wollten.

Wenn alle, die für die Freiheit gebetet, gekämpft, gekämpft und gestorben
sind, von den Persern Otanes bis hin zu den dunkelhäutigen Söhnen Kubas
oder der Philippinen, diese Szene sehen könnten, würden sie wohl sagen –
nicht mit den Worten von Mr. Oseba – „Herr, nun lass Dich, Deinen Diener,
in Frieden scheiden, denn meine Augen haben Dein Heil gesehen."

In Zelania gab es keine Klassenwettbewerbe. In der Geschichte gab es keine
soziale Revolution, aber die Menschen „stellten sich der Situation
gewachsen", schauten sich fragend um, gaben der Logik der Situation nach
und – waren.

Kochende Brunnen, Lake Rotomahana.

Hier erkannten die Menschen klar die grundlegende Theorie oder die
grundlegenden Grundlagen der Produktion. Hier sahen sie die
Schatzkammer der Natur voller verlockender Belohnungen, und sie
erkannten bald, dass die Mühe der offene Sesam war, auf den die Natur
prompt und mit verschwenderischer Hand reagierte.

Sie erkannten, dass „Arbeit und Land" nach einer langen Scheidung erneut
vermählt werden mussten – um der Kinder willen – und dass „Reichtum"
kein Teilgott war, der aus magischen Höhlen entsprang, um der List bei der
Unterdrückung der Menschheit zu helfen eigentlich nur die Ersparnisse oder

Nettoprodukte der „gestrigen" Arbeit, und das Kapital nur der Teil des Reichtums, der der Verbesserung der Werkzeuge gewidmet ist, mit denen die Arbeit leichter mehr Reichtum aus den Materialvorräten erwirtschaften kann, die die Natur ihren forschenden Kindern kostenlos zur Verfügung stellt. Wer den Rohstoff „in die Enge treibt", beleidigt die Natur und ermordet die Freiheit.

Da in Zelania in diesen Fragen eine gewisse Einigkeit herrschte, hielt man es für klug, einige gerechte Regeln für die Funktionsweise der verschiedenen Faktoren, Zahnräder, Räder und Riemenscheiben dieser komplexen Maschine festzulegen. Natürlich protestierten einige Personen, die fest davon überzeugt waren, Anspruch auf Freikarten für alle öffentlichen Unterhaltungen zu haben; aber diese Herren wurden gebeten, während der Untersuchung daneben zu stehen und „das Telefon zu halten".

Herr Oseba sagte: „Die Regierung von Zelania ist so nah an den Türen des Volkes, dass die Gesetze in Wirklichkeit nur die aufgezeichneten Schlussfolgerungen der Gemeinschaft sind."

Das Volk hatte erfahren – das schließe ich aus den Notizen –, dass in allen Ländern und zu allen Zeiten eine Monopolisierung des Landes mit gesetzlichen Privilegien zu unverschämten Klassenunterschieden, Armut, Elend und Unterdrückung geführt hatte, und schlug vor, eine Sammlung zu starten , und eine neue Beleuchtungsanlage errichten. Für-

Der Brite kam nicht, um Beute zu machen, sondern um ein Zuhause zu finden;
Und er baute einen Staat auf, vom Fundament bis zur Kuppel. Zu Ehren seines Vaters „wuchs er". Er lauschte den „alten Glockenspielen", aber er haue und schnitzte sie, um sie an die „Zeiten" anzupassen. Als Orakel erkundigte er sich nach „Gerechtigkeit". „Ruhm" war für ihn nichts, „sondern Werke", sagte er, „leben in der Geschichte."

Herr Oseba erinnerte seine Zuhörer an die Regeln zur Regelung von Landbesitz und „Ansiedlung", die auf eine Verbreiterung der Basis der Sozialpyramide abzielten, und sagte, dass die Arbeitsgesetze lediglich die gleichen Grundsätze auf andere Mitglieder der produktiven oder produktiven Industrie ausdehnten industrielle Maschinen.

„Die Arbeitsgesetze von Zelania", sagt er, „sind einzigartig; „Einzigartig" sind sie jedoch nur dadurch, dass sie die „Erfahrung dunklerer Zeiten" ignorieren, in ihrem Ziel, die Lasten und Gewinne der Industrie gerecht zu verteilen, und in dem Wunsch ihrer Urheber, dauerhaften Arbeitsfrieden und intelligente soziale Zusammenarbeit zu sichern.

„Man könnte sagen, dass es sich bei den Arbeitsgesetzen von Zelania lediglich um Regeln handelt, die für ein besseres Verständnis zwischen

Arbeitgeber und Arbeitnehmer und für eine bessere Sicherheit von Arbeitgeber und Arbeitnehmer als gemeinsamen Förderern von Industrieunternehmen sorgen, und nirgends wird dem Besitzer von Vermögen ein ungerechtfertigter Vorteil gegenüber ihnen eingeräumt Schöpfer von Reichtum.

„Die Arbeitsgesetzgebung von Zelania umfasst etwa fünfunddreißig verschiedene Gesetze, und im Ton sind sie meist eher beratend als verpflichtend. Es gibt keine allgemeinen Gesetze, die die Arbeitszeiten regeln oder einen Mindestlohn vorsehen, aber im Interesse einer offenen Gerechtigkeit können bestimmte Gerichte erhebliche Befugnisse ausüben, wenn sie Fragen dieser Art klären müssen. [D] Die Arbeitsgesetzgebung begann in Zelania bereits 1865 mit dem „Master and Apprentice Act" und hat seitdem zumindest mit den rationalen Anforderungen der Gemeinschaft Schritt gehalten.

„Die Arbeitsgesetze von Zelania, wie auch ihre Industrien, sind mit den Anforderungen des Landes allmählich gewachsen, wie die industrielle Entwicklung des Landes zeigt. Da es sich um eine Industrie- und Handelsgemeinschaft handelt, sind die Gesetze so konzipiert, dass sie jede Phase der Geschäftstätigkeit abdecken, spezifisch in ihren Anweisungen, einfach in ihrer Anwendung und schnell und kostengünstig in ihrer Umsetzung sind."

Herr Oseba äußerte die Wahrheit, zitierte sie aber möglicherweise falsch und bemerkte:

„Wie ein verzweifelter Staatsmann einmal sagte: ‚Rom erkennt keine Gefahr, ja, es beachtet keine Warnung, bis der Feind vor seinen Toren donnert, und dann muss es ohne Überlegung handeln', so auch die Arbeitsgesetze anderer Länder werden normalerweise formuliert und verabschiedet, um dringenden Notfällen zu begegnen, während die Klugheit von Zelania sich nicht auf Notfälle vorbereitet, sondern darauf, dass Notfälle nicht eintreten.

„Während die Arbeit der Hauptfaktor bei der Produktion allen Reichtums ist, haben die wenigen Auserwählten, die sich den Reichtum geschickt angeeignet haben, diejenigen, die ihn besaßen, mit wenig Höflichkeit behandelt habe es erstellt.

„In Zelania wurde dieser ‚altehrwürdige Brauch' geändert, denn es wurde festgelegt, dass derjenige, der seinen Schweiß in die Dinge verwandelt, die menschlichen Bedürfnissen dienen, nicht von denen vergessen werden soll, die ihre List in Magnete zum Anziehen verwandeln Preis dieser Dinge in ihre großzügigen Taschen.

„In Zelania gelten meine Kinder, Menschen, die schuften, Häuser bauen, Korkenzieher herstellen und Spargel anbauen, als äußerst menschlich, auch außerhalb der Sonntagsschule und der Gebetstreffen.

„Hier wird die Fähigkeit eines Menschen, zu arbeiten und zu produzieren, als sein Kapital betrachtet. Seine Familie, an der die Gemeinschaft ein Interesse hat, muss aus dieser Quelle berücksichtigt und unterstützt werden, und wenn eine solche Person im Dienst eines anderen einen Unfall erleidet oder von einem Unfall heimgesucht wird und ihr Kapital beeinträchtigt wird, muss sie dies tun „entschädigt" werden. [E] Dies schien eine Zeit lang eine Belastung für die Arbeitgeber zu sein – alle Änderungen waren Belastungen –, aber die Erfahrung hat das Gegenteil bewiesen, denn die Praxis erzeugte nicht nur ein edleres „Gemeinschaftsgefühl", sondern auch gegenseitiges Interesse zwischen Arbeitgeber und Arbeitnehmer.

„Jede Veränderung erfordert andere Veränderungen, und jedes neue Licht bringt einige Mängel ans Licht, die einer Verbesserung bedürfen.

„In dieser Maßnahme gab es einen Hauch von Gerechtigkeit, aber um offensichtliche Härten zu vermeiden, verpflichtete sich der Staat, den Arbeiter zu versichern, und dann zeigte sich, dass private Unternehmen in gleicher Weise und damit viele – finanziell – gesunde Möglichkeiten finden konnten." Die Industriemaschine wurde symmetrischer. [F]

„Für den zufälligen Beobachter oder für denjenigen, der den Fackelträger als einen Erneuerer betrachtet, der seinen Fetisch verlockt, und für die klug aussehende Eule, die auf dem Friedhofstor sitzt und den vorbeifahrenden Zug des Fortschritts anbrüllt, erscheinen diese neuartigen Experimente boshaft und." Revolutionär; Aber in der frühen Zukunft werden sich die langohrigen Politiker vieler Länder der Frage stellen müssen: „Was hat Zelania zum Industrieparadies der Welt gemacht?" Schenken Sie uns ein Lächeln aus ihrer Kantine.'

„Sie verändert das Ideal, sie segnet die Ziegel und den Mörtel, aus denen der Staatstempel gebaut ist.

„Wenn der Staat für Frauen und Männer geschaffen ist,
sollten Sie den Mann und die Frau so gut wie möglich gestalten.

„Die Tatsache, dass die Industriemaschinerie von Zelania seit einem Dutzend Jahren reibungslos funktioniert und dass sie, während in anderen Ländern große Verwirrung herrschte, eine Ära beispiellosen Fortschritts und Wohlstands erlebte, sollte eine Antwort auf die Befürchtungen sein Diejenigen, die „früher" viel damit zu tun hatten, Diana mit ihrem Bühnenoutfit auszustatten, fühlen sich jetzt müde.

„Sollten diese Gesetze jedoch nicht den Wünschen eines gebildeten Volkes genügen", argumentierte Herr Oseba, „würden die Vertreter der obersten Autorität angewiesen, sie an die Bedürfnisse der Gesellschaft anzupassen, und die neuen Patente würden erteilt."

„Tatsache ist, dass von allen Menschen nur die Zelanianer so viel von ihrer Regierung erhalten, wie sie zu ihr beitragen.

„Ich bin nicht sicher, meine Kinder, nicht ganz sicher, ob diese liberalen Gesetze in allen Fällen den Schlaganfall des Arbeitnehmers beschleunigt haben. Ich bin mir nicht sicher, ob alle Mitarbeiter über genügend graue Substanz verfügen, um die Tatsache zu erkennen, dass jede gesetzlich gewährte Sicherheit oder jedes Privileg gegenseitige Verpflichtungen mit sich bringt. Einen Mann zu emanzipieren, sollte ihn veredeln.

„Ein freier Mann sollte es verschmähen, seine Handfläche mit einem unverdienten Penny zu beschmutzen. Das Gesetz, das die Aufmerksamkeit der Arbeiter erregte, hatte nicht die Absicht, sie auf das Zifferblatt der städtischen Uhr zu lenken, und das Gesetz, das es einem Arbeitgeber verbot, Arbeit im Wert von zwanzig Schilling für Lastwagenwaren im Wert von vierzehn Schilling zu verlangen, bedeutete nie, dass die Arbeiter von ihr etwas nehmen sollten Arbeitgeber einen Goldsouverän für Arbeit im Wert von vierzehn Schilling.

„Gerechtigkeit und Sicherheit sollten die Seele erheben, das Rechtsgefühl schärfen, die Energien erwecken und das Tempo aller beschleunigen, die unter diese gütigen Einflüsse geraten.

„Ich bin nicht sicher, nicht ganz sicher, ob alle Menschen in Zelania würdige Teilnehmer dieser edlen Wohltaten sind; Ich erkläre nur die Fakten der Situation, die großzügige Stimmung, die in der Bevölkerung so weit verbreitet ist, und die Absichten und Absichten der Gesetzgeber.

„Natürlich müssen zelanische Staatsmänner die Menschen möglicherweise daran erinnern, dass für jede sich bietende Gelegenheit größere Anstrengungen erforderlich sind und dass man sich für den persönlichen Erfolg ausschließlich auf Energie, Eigenständigkeit und Eile verlassen muss, sonst kann es zu Missverständnissen kommen."

Wer sich stark auf die Regierung stützt – nicht auf die Sprache des keuschen Oseba –, wird normalerweise schnell müde. Während es also gut ist, jeden Passagier mit einem Rettungsring auszustatten, verdient der Kerl, der zu faul zum Treten ist, den Tod auf See, um ihn zu retten Bestattungskosten.

„Aber, meine Kinder", sagt Herr Oseba mit eher menschlichem Lächeln, „da es viel weniger ermüdend ist, Avoirdupois anzuziehen als graue Substanz anzuziehen, ist das soziale Jahrtausend noch nicht fest verankert, selbst in Zelania." "

Aber, Herr Oseba, sie heizen auf und werden es trotzdem schaffen, denn jetzt, da das Licht an ist, wird das Publikum die Spieler zu größeren Auftritten anspornen.

Bei allen Veränderungen im Leben gibt es Sorgen. Wir kommen mit Schmerzen ins Leben und verlassen es. Bei jedem Fortschritt bleiben einige zurück, bei jeder Verbesserung bleibt eine Hand untätig, bis sie für eine neue Aufgabe ausgebildet wird. Jeder wirtschaftliche Fortschritt verstößt gegen einen Brauch, in dem altbewährtes Unrecht einen ehrenvollen Zufluchtsort gefunden hat.

Aber ich komme aus vielen Seiten zu dem Schluss, dass die Arbeitsgesetze von Zelania immer noch unvollkommen sind, wie die Führer selbst anerkennen, indem sie sie weiter verbessern. Aber sie ist in ihrer Situation sicher, und diese ewigen Prinzipien der Gerechtigkeit werden einen großen Einfluss auf der ganzen Welt ausüben, denn verbessertes Licht führt immer zu einem symmetrischeren Wachstum der gesamten Pflanze.

Dem stetigen Fortschritt der industriellen Situation Zelanias ist die Welt zu Dank verpflichtet, erstens natürlich ihren beispiellosen natürlichen Bedingungen, zweitens der Intelligenz ihres Volkes, dann ihren fortschrittlichen Staatsmännern und insbesondere RJ Seddon und den fähigen Männern die seine politische Familie bildeten. Diese haben, ohne Tradition, Geschichte oder Präzedenzfall, die industrielle Ebene des Landes auf einen Zustand gebracht, der dem sozialen Ideal nahe kommt – gemäß dem Auftrag.

Wie Bolivar und Lincoln und viele andere Fackelträger der Menschheit kam Herr Seddon durch die Kraft seines eigenen Genies aus den industriellen Bereichen des Lebens hervor. Es handelte sich nicht um einen Meteoritenflug, der prachtvoll über eine erschrockene Welt hereinbrach; aber er wartete treu auf seinen Zeitpunkt und war bereit, und offensichtlich kam er, um zu bleiben – denn der Zeitpunkt seines Abschieds wurde noch nicht bekannt gegeben.

Kiwi. / Milford Sound.

"Herr. Seddon wurde als echter Brite geboren. Er wurde durch koloniale Erfahrungen abgehärtet, seine Hände waren durch ehrliche Arbeit schwielig, seine Muskeln durch heroische Kämpfe gestählt, sein Intellekt wurde durch eine umfassende und intelligente Beobachtung interessanter Ereignisse entwickelt; und er gehörte dem Volk an, stand auf und trat hervor, um dem Volk zu dienen.

„Er kannte nur einen Rang, den des freien Bürgers; aber ein Führer, die Stimme des Volkes; aber ein Meister, der der Pflicht – wie er den Befehl verstand.

„Nun, ein oberer Sitz wurde frei, und da er über umfangreiche Erfahrung in parlamentarischen Angelegenheiten verfügte und über eine anerkennende Autorität verfügte, bemerkte er mit einladendem Ton: ‚Richard, kommen Sie höher', und er trat einem starken Kabinett bei. Er tat seine Pflicht so, wie er sie empfand, und war Teil der fortschrittlichsten Gesetze Zelanias. Er reifte im Wechsel der Jahreszeiten.

„Die Ereignisse beschleunigten sich; Der Appetit des Publikums war geweckt und es hieß: „Mehr!" Herr Ballance, ein geliebter Premierminister, starb törichterweise, ein noch höherer Sitz war frei, und erneut sagte anerkennende Autorität: „Richard, kommen Sie höher." Er wurde 1893 Premierminister – die verantwortungsvollste Position in jedem Land, das unter dem britischen parlamentarischen System regiert wurde – und hat zehn Jahre lang mutig mit der Stärke eines Herkules, dem Mut eines Ajax und dem

Fleiß eines Ixion gearbeitet bei der Erweiterung, Änderung, Beschneidung und Konsolidierung der Industrieregeln von Zelania, bis die Welt, die zuerst mit Belustigung und dann mit fragendem Interesse zusah, nun mit Bewunderung die erfolgreiche Funktionsweise einer Industrietheorie betrachtet, die der Menschheit Hoffnung gibt.

„Er war ein Produkt der Zeit. Die Gelegenheiten ergaben sich, und er brachte die Bedingungen mit den Interessen und Bestrebungen seiner Landsleute in Einklang, und ohne die Verwendung eines Aufzugs erreichte er die Kuppel des Tempels.

„Die Arbeitsgesetze basieren wie die Landgesetze auf dem aufgeklärten Egoismus der Menschen in ihrer organisierten Funktion. Die Idee ist nicht, dass jeder seinen Lebensunterhalt selbst verdienen kann, sondern dass jeder muss – er muss ein Produzent sein und kein Armer, kein Steuerzahler und kein Landstreicher. Das ist Demokratie.

„Die Menschen werden nicht festgehalten, aber es werden ihnen Möglichkeiten gegeben, sich selbst zu behalten; Sie werden nicht als Wohltätigkeitsorganisation unterstützt, sondern es wird ihnen als Recht ermöglicht, Geld zu verdienen und zu haben und zum allgemeinen Wohl des Landes beizutragen.

„In Zelania ist der Boden eine Grundlage des Reichtums; Kapital und Arbeit sind die aktiven Faktoren, und die Gesellschaft schlägt zum Wohle aller vor, dass diese Faktoren friedlich das gemeinsame Produktionsunternehmen gemäß den Geboten der Gerechtigkeit und der Menschlichkeit verfolgen.

„Es ist natürlich egoistisch. Das Kapital muss gesichert sein, und die Industrie muss unbedingt ihre unermüdlichen Räder in Bewegung setzen. Dann muss die Gesellschaft als Ganzes, die ein Interesse an jedem ihrer Mitglieder hat und an den Erträgen beteiligt ist, der Schiedsrichter in allen Arbeitskonflikten sein, und die interessierten Parteien müssen als loyale Mitglieder des Gesellschaftspaktes dem Gehorsam nachgeben öffentlicher Wille.“

Nun, das ist eine Einbalsamierung wert!

Sie zählten die Leute. Ob hoch oder niedrig,
war es nicht wert, gefragt zu werden; genug, um zu wissen, dass jeder
Wünsche hatte; und damit alle leben könnten, müssen diejenigen, die es
empfangen, bereitwillig geben. Dann strebten sie in Liebe und nicht in
Hass danach, diesen unvergleichlichen Staat aufzubauen. Denn sie
wussten, dass ein Tempel nicht von Dauer sein konnte, der den Baron
bereicherte und die Armen vernichtete.

„Die Gesellschaft", fuhr der Weise fort, „bestehend aus Industriezellen, benötigt die Sicherheit jedes Schillings, den Dienst jedes Mitglieds und die friedliche Zusammenarbeit aller Faktoren in jedem Industrieunternehmen, und das hat sie noch nicht getan." Nachdem festgestellt wurde, wie viel von unseren angeblichen „natürlichen Rechten" wir zum Wohle der Allgemeinheit aufgeben müssen, muss die leidenschaftslose Entscheidung des öffentlichen Willens, zumindest vorerst, der einzige Leitfaden sein.

„Unter der gütigen *Ägide* einer Regel mit der erweiterten Legende ‚The Industrial Conciliation and Arbitration Act' ruht friedlich die vollkommenste industrielle Sicherheit, die es in dieser unzufriedenen Welt gibt. Die Arbeitsgesetze von Zelania mögen „experimentell" sein, aber sie entsprangen der Seele des öffentlichen Bewusstseins, wurden von dem Wunsch geprägt, unparteiische Gerechtigkeit zu gewährleisten, und sorgten viele Jahre lang für ein gewisses Maß an Arbeitsfrieden, Stabilität und Wohlstand , das die Gunst der breiten Öffentlichkeit gewonnen hat und nun für Überraschung und Bewunderung in der Welt sorgt.

„Dann, um den Höhepunkt abzurunden, meine Kinder", sagte Herr Oseba, „von allen Maßnahmen, die jemals berechnet wurden, um die Ansprüche des Meisters hinsichtlich der ‚Brüderlichkeit' der Menschen zu bestätigen, wurde in Zelania angeordnet, dass unter Liberalen." Gemäß den Bestimmungen haben alle Personen, die das volle Alter von fünfundsechzig Jahren überschritten haben, Anspruch auf eine lebenslange Rente."

Im Einklang mit anderen liberalen Gesetzen wurde um Unterstützung für diese Maßnahmen gebeten, teilte Oseba seinem Volk mit, nicht aus Nächstenliebe, sondern aus Gründen der Gerechtigkeit, denn es scheint angenommen worden zu sein, dass als Mitglieder einer Industriegemeinschaft alle würdigen Personen gelten sollten Anspruch auf einen Lebensunterhalt hatten und dass diejenigen, die in diesem Alter mittellos waren, entweder Unglück erlitten hatten oder keinen gerechten Gegenwert für ihren Beitrag zum öffentlichen Wohlstand erhalten hatten. Dort scheint anerkannt zu sein, dass die Welt allen Menschen ihren Lebensunterhalt schuldet und dass diese Renten Vorschüsse an diejenigen sind, die es versäumt haben, das zu „kassieren", was ihnen ordnungsgemäß zusteht. Eher neu. [G]

Ein öffentliches Gefühl, das jenseits des Makels der Nächstenliebe seinen „Respekt vor dem würdigen Alter" in Herrschern prägt, die von den Verdienenden „als Recht eingefordert" werden können, steht ebenso weit über dem frommen Geschwätz anderer Länder – wie die Philosophie steht über dem Aberglauben.

Trägheit, Armut, Kummer und Not sind in der menschlichen Gesellschaft weit verbreitet, und Güte und Nächstenliebe werden seit vielen Jahrhunderten als rettende Tugenden gepriesen; Aber hier, wo neue Ideen spontan zu entstehen scheinen, ist eine neuartige Vorstellung entstanden – dass die Welt so ähnlich ist, dass die bloße Tatsache, dass ein Mensch sich die Mühe gemacht hat, geboren zu werden, sich ziemlich gut zu benehmen, nach Zelania zu schweben Wenn er zur richtigen Zeit lebt und fünfundsechzig Jahre lang existiert, hat er oder sie zu Recht Anspruch auf jährlichen „Respekt" im Wert von 18 £.

„Das ist in der Tat neu", sagt Herr Oseba, „und diese Vorstellung ist in ihren Vorstellungen von menschlichen Beziehungen, sozialen Pflichten und moralischer Verantwortung edler als alle Predigten – bis auf eine –, die jemals auf diesem kleinen Globus gehalten wurden."

„RJ Seddon ist kein Heiliger; Mir wurde gesagt, meine Kinder, er wird wütend, er stürmt und er verwendet vielleicht Schimpfwörter, aber kein Dichter, Priester oder Philanthrop hat jemals edlere Gedanken geäußert als er, als er sich für diese fortschrittliche Maßnahme einsetzte. Nur der Träumer kann die weitreichende moralische Größe erkennen, nicht der Maßnahme selbst, sondern des erhabenen Gefühls, auf dem sie basiert – und der Premierminister behauptete, „für das Volk" zu sprechen.

„Angesichts der allgemeinen Rückständigkeit der Outeroos beim Brechen alter Traditionen und insbesondere in Richtung einer größeren Anerkennung der menschlichen Brüderlichkeit oder der Rechte des Einzelnen als Einheit der Gesellschaft, haben die Zelanianer eine andere Regel, die, wie Sie sehen wollen, noch überraschender ist Sehen Sie, es ist nicht nur das Ergebnis eines Gefühls oder einer Idee, die in ihrer edlen Konzeption so neuartig ist wie die, auf der die Altersrente aufbaute, sondern es ist auch eine so radikale Abkehr von alten britischen Bräuchen, dass es einen Studenten erschreckt seine kühnen Forderungen.

„In den älteren Ländern besteht sowohl der Wunsch als auch der Brauch darin, gewaltige Vermögen aufzubauen und wohlhabende und mächtige Familien zu verewigen – obwohl viele der Verwandten ein elendes Leben in Armut führen; Aber sollte in Zelania eine Person, die über einen dauerhaften „Ruhestand" nachdenkt, durch Testament oder „letztes Testament" versuchen, all ihr Hab und Gut dem „weißköpfigen Jungen" zu hinterlassen, oder es auf andere Weise versäumen, entsprechend ihren Möglichkeiten für den „jungen Jungen" zu sorgen? Wenn es darum geht, „den ordnungsgemäßen Unterhalt und Unterhalt" eines seiner Angehörigen zu gewährleisten, können die Gerichte „von den Steuererklärungen zurücktreten", die Angelegenheit untersuchen, „das besagte Testament praktisch annullieren" und solche Bestimmungen treffen, die „angemessen erscheinen", entsprechend den Anforderungen von offene Gerechtigkeit.

„Zelania erkennt jeden Menschen als integralen Bestandteil der sozialen Gruppe mit gegenseitigen Rechten und Pflichten an. Ein Einzelner kann mit der Gemeinschaft beten und sie ausbeuten und „viel Reichtum" erwerben, und als gesetzlicher Verwalter dieses „Gelds" verfügt er über beträchtlichen Spielraum; aber in Wirklichkeit ist er nur ein Treuhänder, und wenn er sein Geld auf dieser Welt lässt – damit es nicht schmilzt –, ist es ihm nicht gestattet, irgendeinen seiner Angehörigen, der eine Zeit lang als Mitglieder der Gemeinschaft bleiben könnte, davon zu berauben allen „Trost" für seinen Weggang. [H]

„Im Gegensatz zu den allgemeinen Vorstellungen ausländischer Barbaren ist die fortschrittliche Gesetzgebung in Zelania nicht das Ergebnis eines unberechenbaren Temperaments, sondern eines fortschrittlichen Denkens, einer edleren Vorstellung von menschlichen Pflichten und eines höheren Ideals des sozialen Fortschritts.

„Zelania als soziale Einheit ist kein beherrschendes Imperium. Sie verweist auf keine glorreichen Traditionen, auf keine Flüsse aus Blut, auf keine antike Pracht mit zerstörten Aquädukten, eingestürzten Säulen oder mit Efeu bewachsenen Tempeln; keine angeketteten Gefangenen und moosbewachsenen Universitäten, wo die Kapuzenkauz schreit; Aber als Vertreter einer neuen Phase intellektuellen Strebens haben ihre robusten Staatsmänner das Banner des sozialen Fortschritts über die Träume anderer Länder hinaus gehisst und sie zum interessantesten, hoffnungsvollsten und gesellschaftlich auffälligsten Ort auf der Welt gemacht Oberfläche von Oliffa."

In seinem Vortrag schloss Herr Oseba dieses Thema eloquent ab:

„Die Zeit kommt eilig, meine Kinder, in der die Statuen zelanischer Staatsmänner, die die edlen Prinzipien, für die die Menschheit seit unzähligen Zeitaltern vergeblich gekämpft hat, zu ihrer vollen Verwirklichung gebracht haben, die beliebtesten Nischen, Galerien und Plätze schmücken werden die zivilisiertesten Zentren der Welt."

EINIGE ANGENEHME AUSFLÜGE.

Hier geht Herr Oseba auf eine erfreuliche Weise davon und führt uns zu dem Schluss, dass eine Tour durch Zelania ein Ausflug unvergleichlichen Vergnügens ist; so voller Abwechslung, Abwechslung und überraschender Ereignisse, dass die Neugier einen nach vorne treibt und die körperliche Leistungsfähigkeit sich so schnell verbessert, dass jeder Gedanke an Müdigkeit verbannt wird. Auf diesen Touren ist die Gesundheit tatsächlich „ansteckend" und der Appetit stellt sich immer vor dem Essen ein.

Er beschreibt in interessanten Einzelheiten die Leichtigkeit, Sicherheit und Bequemlichkeit sowie die heitere Heiterkeit dieser kaleidoskopischen Drehungen und wie leicht man sie mit einem Wort und einem Telegramm von Herrn TE Donne, dem aufrichtigen und kompetenten Touristenmanager, finden kann der Weg zu den edelsten Szenen.

„Diese Zeit wird den Frühlingsbadegästen vielleicht nicht schwer fallen, Millionen von Fischen – besser, als Peter jemals aus dem See Genezareth geholt hat – warten in vielen Seen auf die verlockende Fliege, und wenn man vom Gletscherklettern im Süden müde wird, dann in den Wäldern sind voller Rothirsche und anderer flinker Wildtiere, die darauf warten, ihm einen wilderen Sport zu bieten.

Der Kopf eines Hirsches

„Was das Klima angeht, komme ich zu dem Schluss, dass man es wählen kann, wenn man seine Getränke auswählt, denn man kann Sonnenschein oder Schauer, einen kühlen Gletscher oder ein brennendes Tal, zugefrorene oder kochende Seen haben, indem man einfach einen neuen Weg ein- oder ausschaltet. Das Wetter ist „fast immer" gut, und da man einem Sturm ausweichen kann, indem man angelt, statt Bergsteigen zu gehen, oder einer heißen Welle, indem man Hirsche jagt, anstatt Geysire oder Maori-Jungfrauen zu jagen, ist schlechtes Wetter nicht der Rede wert."

Dann dreht er den Globus um und zeigt, dass sich Zelania auf der Südhalbkugel befindet, und er erwartet, dass, sobald seine Entdeckungen bekannt werden, viele tausend Menschen – um den strengen kalten Wintern

Europas und Amerikas zu entgehen – eine Zeit der Ewigkeit verbringen werden Frühling inmitten dieser romantischen Szenen. Hier wird Herr Oseba beredt. Ich zitiere:-

„So wie die Natur mit bloßen Händen durch ihre schier unendlichen Verlockungen die rohe Wilde Zelania in eine beredte Politikerin verwandelte, so verbessert sie jedes Tier, das auf ihrem zitternden Busen losgelassen wird. Bringen Sie ein kleines ausgehungertes Kaninchen zu Zelania – nun ja, es verwandelt sich nicht am selben Nachmittag in einen Tiger, aber es beginnt bald mit der Arbeit und schon nach kurzer Zeit ist der „Herr der Schöpfung" in der Defensive – denn es frisst ihn auf.

„Der Nachwuchs jedes Tieres, jedes Vogels, jedes See-, Bach- oder Flussfisches, der nach Zelania gebracht wird, nimmt in sehr kurzer Zeit erheblich an Größe und Schönheit zu. Nun ja, so ist es auch mit den Menschen."

ZUSÄTZLICHE ZELANIA.

Wieder dein Gesicht, Sapho, obwohl du die Krone gewonnen hast.
Der Mond hängt hoch, kehre zurück, lass uns lachen, bis er untergeht.

In den Aufzeichnungen von Leo Bergin ist weder beim Publikum noch beim Redner eine Spur von Ermüdung zu erkennen. Die Sitzungen hatten sich zwar in die Länge gezogen, aber ein heiteres und höchst intelligentes Interesse schien die ganze Zeit über erhalten geblieben zu sein, und die Schlussszenen in der Rezension von Zelania hatten fast Begeisterung hervorgerufen. Der Vorhang war für eine kurze Pause heruntergelassen worden, und da bekannt war, dass nun der letzte Akt aufgeführt werden sollte, spürte das Publikum die ganze Spannung und Frische einer neuen Sitzung.

Die Laternengeräte waren entfernt worden, und es war offensichtlich, dass die Schlussfolgerungen dieses einzigartigen Verfahrens sehr nahe waren. In den Notizen heißt es:

„Oseba stand auf, und als er ins Rampenlicht trat und seine Bereitschaft signalisierte, weiterzumachen, wurde er mit einem Applaus begrüßt, der sich für das Erscheinen eines Websters in Boston wohl gehörte."

Hier entschuldigte sich die Dichterin Vauline für die Unterbrechung in einem so späten Stadium des Verfahrens und wagte die Frage, mit welcher Argumentation der Weise Oseba zu seiner Schlussfolgerung gelangt war, dass die Angelsachsen zu einer universellen Vorherrschaft bestimmt seien, und warum die Zelanier dies tun sollten heute als Fackelträger künftiger Zeitalter gelten?

Mit einem anerkennenden Lächeln antwortete Herr Oseba:

„Die Frage ist aktuell und wichtig. Folgt man den Gesetzen des natürlichen Fortschritts, hängt das Überleben bis zu einem bestimmten Punkt weitgehend von der Dicke der Haut und der Länge der Krallen ab. Ab diesem Punkt handelt es sich jedoch um eine Frage der grauen Substanz, und der Angelsachse verfügt über ein Gehirn sein Kopf. Nun, die Zelanianer sind eine ausgewählte Truppe in der Gefechtslinie der angelsächsischen Legionen.“

Auch hier „komme ich auf den Punkt“ und notiere meine eigenen Schlussfolgerungen aus Herrn Osebas Argumentation:

Der angelsächsische Intellekt ist das Produkt von mehr als 1.400 Jahren beispielloser Wechselfälle und verfügt aufgrund seiner inhärenten Tugend über eine unwiderstehliche Kraft. Fortschritt ist eine Frage der intellektuellen Entwicklung, der Empfänglichkeit, Anpassungsfähigkeit und Anpassungsfähigkeit eines Volkes, und in der Konstitution dieses Rassengehirns finden sich alle diese Merkmale in vollem Umfang wieder. Darüber hinaus findet man im angelsächsischen Charakter eine solide Aufrichtigkeit und Liebe zur Gerechtigkeit, die einen unwiderstehlichen Respekt und ein Vertrauen einflößen. Es ist eine Frage des Gehirns – des Ideals.

Die Ideale Assyriens, Persiens und Babyloniens waren das Imperium – militärische Eroberung, und wir sehen auf der Bühne nur königliche Pracht und als Hintergrund die Götter, die das Volk – sofern es welche gab – zu loyalem Gehorsam zwangen.

Das Ideal Ägyptens war Dauerhaftigkeit – die Ewigkeit der Werke der Könige – basierend auf einer religiösen Idee, und es errichtete die Pyramiden, die noch immer das Wunder der Weltwunder sind.

Das Ideal Phöniziens war der Handel, und das Schiff war der Typus ihres verwirklichten Traums. Hier war die Stadt größer als das Reich und der Kaufmann größer als der König.

Das Ideal Griechenlands war Schönheit – dann persönliche Schönheit – in Form und Charakter. Unter der Herrschaft dieses Ideals kamen ihre edelsten Errungenschaften. Aber das griechische Gehirn war unberechenbar; Die griechischen Helden wurden bald vergöttert. Der Künstler kam, und als die Marmorstatue zum Ideal und auch zum Idol wurde, wurde der griechische Philosoph zum Sophisten, und Griechenland fiel einer praktischeren Rasse zum Opfer.

Das Ideal Roms war Macht, Kraft und der Glanz patrizischer Pracht. Damit die niederen Stände mutiger für die weitere Vergrößerung der heiligen Stadt kämpfen konnten, wurden sie mit Gerstenbrötchen gefüttert und mit einer imaginären Freiheit geschmeichelt, doch das Ideal Roms war Gewalt.

Die Ideale von Venedig und Genua waren Reichtum, Luxus und Kunst, und ihre Paläste und Kathedralen – noch immer das Wunder und die Bewunderung der Welt – wurden zu ihren verwirklichten Träumen; aber nur diese und die Torheit des Dogen bleiben uns übrig.

Das Ideal Spaniens – in seiner Größe – war königlicher Glanz, gestützt durch die geistliche Autorität, mit Untertanenkolonien, die Platz für Günstlinge und Einnahmen für den Staat boten.

Die Ideale Großbritanniens waren der Handel, die Fabrik, der Laden, das Schiff und die „alte Familie" – die die bequemen Plätze einnehmen sollte. Aber diese britischen Ideale entwickelten individuelles Unternehmertum, und bald stellte sich heraus, dass es in Großbritannien Menschen gab. Abgesehen von einigen kurzen Zeitabschnitten in Attika, vom Fall Israels bis zum Aufstieg Großbritanniens, spielten die *Menschen in der aufgezeichneten Geschichte kaum eine Rolle.*

Das Ideal Amerikas, etwa bis zum Tod Lincolns, war die persönliche Freiheit, und unter diesem Gefühl brachte es einige der edelsten Charaktere hervor, die jemals aufrecht dastanden und das Bild Gottes trugen. Aber die Tore wurden geöffnet, Millionen kamen von weit her, die früheren Gefühle wurden pervertiert, großer Reichtum wurde zum Hauptmotiv und Dollars wurden zum nationalen Ideal.

Allen diesen Ländern ist es, wenn die Argumente von Herrn Oseba stichhaltig sind, in gewissem Maße gelungen, das „Meistermotiv" zu entwickeln oder das nationale Ideal zu verwirklichen.

„Nun, meine Kinder", sagte Oseba, „die Kraft von Zelania als gesellschaftliche Anführerin liegt auch in ihren Idealen, und da das auffällige Glück und der Wohlstand eines Volkes der beste Beweis für eine gütige Herrschaft sind, gilt dies auch für die Wertschätzung ihrer Ideale." bewiesen ihre praktischen Tugenden.

„Nun, durch eine Heldentat in der mentalen Gymnastik haben die Zelanianer das höchstmögliche Ideal gewählt, Gerechtigkeit – die Inthronisierung des Einzelnen – und mit den ererbten Instinkten der Rasse und einem äußerst günstigen Umfeld war es zu erwarten, dass mit dem Wenn die Sehnsüchte des Menschen reifen, sollte die Menschheit auf diesen romantischen Inseln ihren höchsten Typus finden.

„Gestatten Sie mir abschließend, kurz einige der wichtigeren Aspekte meiner Argumentation zu diesen äußerst interessanten Themen in Erinnerung zu rufen.

„Ich habe euch, meine Kinder, daran erinnert, dass die Freiheit in einer alten, etablierten und wohlhabenden Nation nie einen Sieg errungen hat.

„Ich habe Sie daran erinnert, dass bei großem Reichtum und großer Bevölkerungszahl die Menschen konservativ werden, die Herrscher an der ererbten Macht festhalten, die Reichen Angst vor Veränderungen haben und die Masse durch Loyalität gegenüber Gewohnheiten Reformen unmöglich macht – oder im besten Fall nur langsame Fortschritte macht."

„Ich habe Sie daran erinnert, dass der Handel die Grundlage der modernen Zivilisation ist, aber dass nur die Menschen, die am Wasser leben, jemals so kommerziell geworden sind, dass sie einen wesentlichen Teil der Menschheit materiell beeinflussen konnten; und ich habe Sie daran erinnert, dass die großen fortschrittlichen Bewegungen nur durch die kolonialen Unternehmungen der Handelsnationen vorangetrieben wurden.

„Darüber hinaus habe ich Sie daran erinnert, dass nur in den Kolonien, in neuen und isolierten Gemeinschaften, weit entfernt von der zentralen Autorität, wo neue Bedingungen neue Methoden erforderten, Eigenständigkeit genährt, Freiheit geweckt und sozialer Fortschritt ermöglicht wird.

„Und ich habe Sie auch weiter daran erinnert, dass von allen Stämmen, Rassen oder Nationen, die jemals auf der Erdoberfläche herumlungerten, nur die Phönizier, Griechenlands und Britanniens in der Lage waren, sich von überlieferten Bräuchen zu lösen und die Freiheit zu behaupten zu handeln oder sich so an die Anforderungen einer neuen Umgebung anzupassen, dass sich ein Zustand der Gesellschaft entwickelt, der sich wesentlich von dem der alten Ordnung der Dinge unterscheidet.

„Dann habe ich Ihnen auch die sozialen Vorposten aller Nationen gezeigt und wie unwahrscheinlich es ist, dass sie aus eigener Kraft weiter voranschreiten.

„Ich habe Sie auch daran erinnert, dass die Gesamtheit der Menschenrechte in allen Staaten gleich ist, unabhängig von ihrer Form oder Bevölkerungszahl, dass die individuellen Rechte ebenso wie die Bewegungsfreiheit mit zunehmender Teilnehmerzahl abnehmen, und dass ausgerechnet a Eine große Bevölkerung ist am wenigsten zu wünschen und eine Überbevölkerung am meisten zu fürchten.

„Aber Zelania nimmt eine einzigartige Position ein. Sie hat keine Traditionen, sie hat keinen Oberherrn, keine organisierten Trusts, keine

Besitzrechte an altem Unrecht; Sie hat keine vernichtenden Präzedenzfälle, keine Millionärsmonopole, die nach Opfern heulen, und da sie Platz für viele Millionen hat, kann sie ihre Zeit abwarten, und wenn ihr mehr Menschen am Herzen liegen, kann sie ihre eigene Wahl treffen.

„Mit ihren zahllosen Wundern, die Touristen anzulocken, ihren großartigen Möglichkeiten für eine profitable Industrie und ihrer noch wundervolleren sozialen Situation, die neugierige Tausende aus vielen Ländern anzieht, wird sie mit klugem Management bald zum Mekka der gemächlichen Reichen der Welt werden." aus ihnen werden die besten aller „Eindringlinge" hervorgehen.

„Meine Kinder, angesichts all dieser großartigen Fakten würde ich den Menschen nicht raten, mit leeren Händen nach Zelania zu eilen, in der Hoffnung, sich einen einfachen Lebensunterhalt zu sichern; Aber kein Mensch mit einem forschenden Geist, der die Natur liebt, der ein Interesse am gesellschaftlichen Fortschritt seiner Rasse hat und der über bescheidene Mittel verfügt, sollte es sich erlauben, dieses schöne und interessante Leben aufzugeben, ohne dieses bezauberndste aller Länder zu besuchen , dieser Inbegriff des sozialen Glücks, dieses Paradies von Oliffa.

„Viele von euch, meine Kinder, werden diesen erfreulichen Besuch machen, nachdem sie meinen Bericht gelesen und tiefer über die Freuden und Gewinne des Reisens und der Beobachtung nachgedacht haben, und sollten die gastfreundlichen Menschen von Zelania auf einen ruhigen, würdigen, wohlhabenden Menschen treffen?" Wenn er ein reglementierter Fremder ist, der wenig sagt, aber alles sieht und hört, der nachfragt, ohne zu kritisieren, ohne zu schmeicheln, bewundert, allen seinen Freunden großzügig Kredite gewährt und seine eigenen Rechnungen bezahlt, können sie „erraten", dass er ein „Gentleman" aus „Symmes" ist ' Loch.'

„Maßnahmen, meine Kinder, deren Charakter das zarte Empfinden derer erschüttern würde, die sich als Retter der Gesellschaft ausgeben, haben die Weisheit von Zelanias Staatsmännern bestätigt – durch die nachgewiesene Anwendbarkeit dieser Maßnahmen auf die Notwendigkeiten des modernen Fortschritts.

„Von allen Orten auf der Oberfläche von Oliffa ist diese Zelania am bezauberndsten, und von allen Menschen auf der Oberfläche von Oliffa haben diese Zelanianer den größten sozialen Fortschritt gemacht und nehmen die bevorzugte Position für zukünftige Nützlichkeit ein.

„Dann, mit all diesen meisterhaften Vorteilen, mit einem idealen Land, das in der Lage ist, viele Millionen Menschen zu ernähren, hält sie – zusammen mit einer kleinen Anzahl der Auserwähltesten der Rasse – ihr eigenes Schicksal in ihren eigenen Händen.

„Also, meine Kinder, es gibt Hoffnung für die Welt. Das Genie hat Zeit und Raum vernichtet, der Handel hat die Menschheit so in Kontakt gebracht, dass das Licht der Inspiration von außen kommen kann, und wenn sie das Leuchtfeuer aus der Ferne sehen, werden die Unterdrückten vieler Nationen aufstehen und „etwas mehr Licht" fordern."

Tolle Idee, Herr Oseba, die der „Lehre des Dichters" würdig ist, denn auch wenn der Wächter auf dem Turm vielleicht nur langsam einen flüchtigen Blick erhascht, wird sein scharfes Auge schließlich seinen leuchtenden Glanz erblicken.

Mit Glauben hat er für Vernunft und Recht gekämpft,
hat sich aus der Dunkelheit auf der Suche nach dem Licht zurückgezogen;
mit dem Gesicht zum Morgen und in die Ferne blickend, erspäht er über
den südlichen Horizonten einen neuen Stern und ruft: „Gegrüßet seist du,
Zelania! Auch wenn du weit entfernt bist, begrüße dein Licht, das über
dem Meer scheint. Begrüße deine Flagge, die am Himmel entfaltet ist, das
Leuchtfeuer, der Wegweiser und die Hoffnung der Welt."

Stage Road, Buller Gorge.

„Zelania ist wie ein anderer Prophet, der vom Berggipfel aus lehrt. Der Glanz ihrer göttlichen Fackel ist kein flüchtiger Schein, sondern die wohltuenden Strahlen ihres stetigen Leuchtens breiten sich so über die ganze Erde aus, dass die Menschen aller Länder es bald sehen und staunen, fragen und dann nacheifern können.

„Nun, meine Kinder, die Geschichten meiner seltsamen Abenteuer sind so gut wie erzählt. Der Vorhang wird bald fallen, und während die Lehren aus diesen glücklichen Sitzungen bei uns wie verblassende Erinnerungen bleiben werden, werden die Wunder dieses bezaubernden Landes die neugierigen Seelen der Menschen für alle Zeiten begeistern und erfüllen – denn der Tag von Zelania steht kurz bevor die Morgendämmerung.

„Inspiriert von einem ererbten Instinkt und geleitet von angelsächsischem Genie hat die Zivilisation seit der Krönung Victorias mehr Siege errungen

als in allen Generationen von „Saul von Tarsus" bis Paul von Pretoria, und
Zelania steht an der Spitze der große fortschrittliche soziale Kraft, die dazu
bestimmt ist, das Gehirn zu erleuchten und die Glieder der Menschheit zu
entfesseln.

„Es ist eine offensichtliche Bestimmung, dass angelsächsischer Anspruch,
Sprache und Zivilisation die Welt dominieren sollten. Mit der
Verwirklichung dieser Hoffnung werden die Geschäftsinteressen einen
Krieg verhindern; Despotismus wird gutmütig von der Bühne gezischt;
Europa wird kommerziell vereint sein; Produktion und Austausch werden
so angepasst, dass alle willigen Hände beschäftigt sind; die Arsenale werden
zu Fabriken; die großen Kanonen werden als Säulen in historischen Museen
aufgestellt; Die Musketen werden in Gasrohre gegossen und die Schwerter
in Schafscheren, und die Götter werden auf die erste Generation wahrhaft
zivilisierter Menschen herabblicken und ihr zulächeln!

„Dann, bei der Vollendung dieser edlen Ziele, wenn ein Denkmal zu Ehren
derjenigen errichtet wird, die zur Emanzipation der Menschheit geführt
haben, auf der höchsten Tafel des Tempels des ewigen Ruhms und in Briefen
von unvergänglicher Pracht geschmückt,—

„ ZELANIA ."

FUSSNOTEN

[A] Die Remarkable Mountains, auf der Ostseite des Lake Wakatipu, Südinsel.

[B] Lands for Settlement Act.

[C] Im 19. Jahrhundert stieg der allgemeine Gebrauch der englischen Sprache um über 500 Prozent gegenüber 150 Prozent. für die Deutschen, 102 für die Italiener und etwa 66 für die Franzosen und Spanier. Es ist praktisch das Geschäft und wird schnell zur „höflichen" Sprache der „zivilisierten" Welt.

[D] Das Industrial Conciliation and Arbitration Act von 1900 mit Änderungen.

[E] Employers Liability Act von 1882, praktisch ersetzt durch das Workers Compensation for Accident Act von 1900.

[F] Gesetz über die staatliche Unfallversicherung von 1899.

[G] Altersrentengesetz, 1898.

[H] Familienunterhaltsgesetz für Erblasser.

www.ingramcontent.com/pod-product-compliance
Lightning Source LLC
LaVergne TN
LVHW042110190726
843493LV00006B/1435